サクッと
うかる

日商
1級

完成編
トレーニング

【第2版】

商業簿記・会計学

JN045621

ネットスクール出版

改訂によりここが変わりました！

－１級商業簿記・会計学－　2021年11月

　「サクッとうかる日商１級 トレーニング 完成編」を初版から第２版へ改訂するにあたり、主に以下の点を追加しました。

１．会計基準の新設に伴う追加

① 「収益認識に関する会計基準」による収益認識のChapterを新設
② 「収益認識に関する会計基準」による原価回収基準の処理

２．最近の本試験での出題に伴う追加

① 四半期財務諸表
② セグメント情報
③ 賃貸等不動産
④ 連結会計における取得関連費用の処理
⑤ 子会社でその他有価証券評価差額金がある場合の持分変動の処理

３．会計学の空欄補充問題を追加

　会計学の第１問では、主に会計基準に記載されている語句を記入する問題が出題されます。本書では空欄補充問題に対応するために、重要論点に係る空欄補充問題一覧と解答を追加しました。

４．「コラム」等の追加

　過去に本試験で出題された繰越欠損金の税効果や、将来、出題が予想される株式引受権などの論点を「参考」等として、簡潔に記載しました。
① 繰越欠損金の税効果
② 契約変更の処理（収益認識）
③ 有償支給の処理（収益認識）
④ 株式の無償交付（株式引受権）

本書は2021年11月1日時点の会計基準にもとづいて作成しています。

＝はじめに＝

　本書『サクッとうかる日商1級　商業簿記・会計学　トレーニング』は、独学が困難といわれている日商簿記検定1級の内容を**「サクッ」とマスター**してしまうことを目的としています。

　日商簿記検定1級の平均合格率は10％程度ですので、合格が難しい試験ではあります。しかし、これまでの試験を振り返ってみると、いつも問題が難しいというものではありません。基本的な内容の出題も多くあります。そのため、日商簿記検定1級受験にあたり、【大切なこと】があります。

> 【大切なこと】
> 1．基本を身につける
> 2．時間配分を意識して確実に得点する
> 3．焦ってミスをしない

　以上の3点をクリアできれば、合格点に届きます。基本を身につけるという点は、テキストにゆだねるものとし、本書では「難易度を示した良問」と「わかりやすい解説」により、効果的に問題演習を進めていただけるようにしています。時間配分を意識するためには、自分なりの解き方を身につけておくことが必要ですし、試験で焦らないためには事前の問題演習が効いてきます。

　1級は、試験範囲が広いため、おのずと問題演習の量もある程度必要になります。やみくもにたくさんの問題に向かうのではなく、ポイントをしぼった良問を確実にマスターしていく方法が効率的です。

　皆さんが本書を活用し、合格されることをお祈りいたします。

ネットスクール　サクトレ＊プロジェクトチーム

CONTENTS

Ⅴ

本書の使い方

　本書『サクッとうかる日商1級　商業簿記・会計学　トレーニング』は、『サクッとうかる日商1級　商業簿記・会計学　テキスト』（別売り）の完全対応問題集です。テキストの学習と、問題集の演習を同時並行で行ってください。

1．テキストを読んだら問題を解く

　『サクッとうかるテキスト』で得た知識は、問題を解くことによって定着します。テーマごとに、必ず問題を解いて知識を定着させてください。

2．解答を見ずに解けるようにする

　最初は解けなくて時間がかかるようなら、解答を見てもかまいません。ただし、2回目に解くときは解答を見ないようにしましょう。

　解答を見ずに解けるようになってはじめて、テキストで学習したものが身に付いたことになります。そうして、自分の解ける箇所を少しずつ増やしていきます。

3．テキストに戻るべきタイミングでしっかり復習する

　問題が解けない場合、また理解が中途半端でも解けてしまう場合、知識に不安がある場合には思い切って『サクッとうかるテキスト』に戻って再度復習してください。

せっかく日商簿記1級に向けて学習したのであれば

全経簿記上級
にも挑戦してみよう！

　右の図をご覧下さい。どうしても本試験日まで日数があると、学習のモチベーションが上がらず、手を緩めてしまいがちです。すると、日商簿記1級の試験後に実力が下がってしまい、次の日商簿記1級の試験直前で追い上げようとしても、合格できるかどうか分かりません（Aの線）。

　ところが、次の日商簿記1級試験までの間に全経簿記上級の受験も加えるとどうなるでしょうか。仮に日商簿記1級にギリギリのところで合格できなくても、全経簿記上級に向けてモチベーションを維持して学習し続けることで、次の日商簿記1級に向けて確実に実力を向上させることができます（Bの線）。力を落とさないためにも、日商簿記1級を学習されるのであれば、ぜひ全経簿記上級にも挑戦してみましょう！

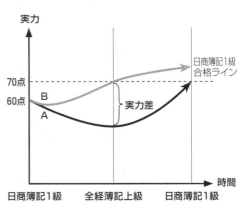

日商簿記1級		全経簿記上級
商業簿記・会計学、工業簿記・原価計算	試験科目	商業簿記・会計学、工業簿記・原価計算
毎年6月・11月の年2回	試験日程	毎年7月・2月の年2回
税理士試験の受験資格が付与される	合格者への特典	税理士試験の受験資格が付与される
各科目25点、合計100点満点	配　点	各科目100点、合計400点満点
4科目合計70点以上 ただし、各科目10点以上	合格ライン	4科目合計280点以上 ただし、各科目40点以上

▶ 試験範囲は日商簿記1級とほぼ同じ
　⇒ 日商簿記1級で学んだ知識や使った教材はほとんど活用可能。
▶ 採点は各科目100点満点の計400点満点
　⇒ 計100点満点の日商簿記1級と比べて配点が細かいため、実力が点数に反映されやすい。
▶ 合格すれば税理士試験の受験資格が得られる
　⇒ 日商簿記1級と組み合わせることで、税理士試験の受験資格を得るチャンスが年4回に。

問題編

ここから商業簿記・会計学 完成編のスタートです。不明点を残さずに、確実に1問ずつクリアしていきましょう。
テキストに戻ることも大切です。
それでは「サクッ」と始めていきましょう。

• •

※ 完成編テキストにおいて「参考」としている論点の問題については、本試験での重要性が高いもののみ本書で記載しています。

問題1 セール・アンド・リースバック 基本問題

■答案用紙→ p1 ■解答解説→ p78

次の資料にもとづき、当期末(×5年3月31日)の貸借対照表および損益計算書を作成しなさい。円未満の端数が生じた場合、切捨てること。

決算整理前残高試算表
×5年3月31日 (単位：円)

備　　　品	50,000	備品減価償却累計額	10,000

1．決算整理事項

⑴ ×4年4月1日に、所有する以下の備品についてリース会社とセール・アンド・リースバック取引を行い、代金を当座預金としたが、未処理である。

取得原価 50,000円、減価償却累計額 10,000円

減価償却方法：定額法、経済的耐用年数：5年、残存価額：ゼロ、間接法

⑵ セール・アンド・リースバック取引

売却価額：36,000円、リース期間：4年間、

年間リース料：9,920円(3月末日に当座預金口座より後払い)

リースバック以降の経済的耐用年数：4年

貸手の計算利子率：4％、所有権移転条項：あり

リース資産の減価償却方法：定額法

問題2 リース契約の中途解約 　　　　　　基本問題

■答案用紙→ p1　■解答解説→ p79

次の資料にもとづき、当期末(×5年3月31日)の損益計算書を作成しなさい。

決算整理前残高試算表
×5年3月31日 　　　　　　(単位:円)

リ ー ス 資 産	36,000	リ ー ス 債 務	18,700
		リース資産減価償却累計額	18,000

1.決算整理事項

　　備品に係る所有権移転外ファイナンス・リース契約について当期末(×5
年3月31日)をもって中途解約したが、期末のリース料の支払いと違約金
20,000円の支払い(いずれも小切手振出し)、リース資産の返還の処理が未処
理である。

　〈リース契約の内容〉

　・契約日:×2年4月1日　リース期間:4年、利子率:4%

　・リース料:年額9,920円(毎年3月31日に当座預金より支払い)

　・リース資産の減価償却:経済的耐用年数4年、残存価額0円、定額法

3

次の資料にもとづき、当期末（× 5 年 3 月 31 日）の貸借対照表および損益計算書を作成しなさい。

決算整理前残高試算表

× 5 年 3 月 31 日　　　　　　　　　　（単位：円）

| リ ー ス 資 産 | 74,000 | リ ー ス 債 務 | 74,000 |

1．決算整理事項

・当期首に次の所有権移転外ファイナンス・リース契約にもとづき、備品を調達し、リース資産・リース債務を計上した。

リース期間：4 年、リース料の支払い：× 4 年 4 月 1 日に年額 20,000 円を当座預金より支払ったが未処理である。

・リース資産の取得原価：74,000 円

・備品の経済的耐用年数は 4 年である。

・利子率は年 5 ％を用いるものとする。

・リース資産の減価償却は、定額法、残存価額ゼロ、間接法による。

問題1 有価証券の計上時点 - *1* **基本問題**

■答案用紙→ p3 ■解答解説→ p82

次の資料にもとづき、当期末(×5年3月31日)の貸借対照表および損益計算書を作成しなさい。有価証券の発生と消滅の認識は約定日基準による。

決算整理前残高試算表

×5年3月31日　　　　　　　　　　　　(単位:円)

売買目的有価証券	2,000	

1. 決算整理事項

当社が当期末に保有する有価証券は次のとおりである。

	取得原価	当期末時価	保有目的
A社株式	1,000 円	1,100 円	売買目的

(1)×5年3月30日に売買目的でB社株式を1,000円で購入する契約を締結したが未処理である。

株式の受渡日は×5年4月2日、B社株式の当期末時価は1,200円である。

(2)×5年3月30日に売買目的でC社株式(簿価1,000円)を1,300円で売却する契約を締結したが未処理である。株式の受渡日は×5年4月2日である。

次の資料にもとづき、当期末(×5年3月31日)の貸借対照表および損益計算書を作成しなさい。有価証券の発生と消滅の認識は修正受渡日基準による。

決算整理前残高試算表

×5年3月31日　　　　　　　　　(単位:円)

売買目的有価証券	2,000	

1. 決算整理事項

　　当社が当期末に保有する有価証券は次のとおりである。

	取得原価	当期末時価	保有目的
A社株式	1,000 円	1,100 円	売買目的

⑴ ×5年3月30日に売買目的でB社株式を1,000円で購入する契約を締結したが未処理である。

　　株式の受渡日は×5年4月2日、B社株式の当期末時価は1,200円である。

⑵ ×5年3月30日に売買目的でC社株式(簿価1,000円)を1,300円で売却する契約を締結したが未処理である。株式の受渡日は×5年4月2日である。

問題3　外貨建満期保有目的債券（利息法）　　応用問題

■答案用紙→ p3　■解答解説→ p84

　次の資料にもとづき、当期末（×5年3月31日）の貸借対照表および損益計算書を作成しなさい。

決算整理前残高試算表
×5年3月31日　　　　　　　　（単位：円）

満期保有目的債券	54,000	有 価 証 券 利 息	1,650

1. 決算整理事項

　当社が当期末に保有する有価証券は次のとおりである。

	取得原価	当期末時価	保有目的
A社社債	540 ドル	555 ドル	満期保有目的

　A社社債は、×4年4月1日に（額面600ドル、償還期日は×9年3月31日）を購入したものであり、取得時のレートは1ドル100円である。

①額面金額と取得価額の差額は金利の調整と認められるため、償却原価法（利息法）を適用する。期中平均レートは1ドル105円である。

②利払日は3月末日、A社社債の券面利子率は2.5％、市場の実効利子率は5％である。当期の利札の仕訳は処理済みであるが、償却原価法の仕訳が未処理である。決算時のレートは1ドル110円である。

■答案用紙→ p4　■解答解説→ p85

問題 1　為替予約 - 独立処理　　　　　　応用問題

　次の各取引の仕訳を、ヘッジ対象(売掛金)にかかるものとヘッジ手段(為替予約)にかかるものに分けて示しなさい。仕訳の必要がない場合は借方科目の欄に「仕訳なし」と記入すること。なお、為替予約の処理は独立処理による。

(1)× 18 年 10 月 1 日に、米国企業に対して商品 200 ドルを掛けで売り上げた。取引時の為替レートは 118 円 / ドルである。

(2)× 18 年 12 月 1 日に、上記の売掛金に為替予約(ドル売予約)を行った。予約時の為替レートは 121 円 / ドル、予約レートは 123 円 / ドルある。

(3)× 19 年 3 月 31 日に決算をむかえた。決算時の為替レートは 122 円 / ドル、先物レートは 124 円 / ドルある。

(4)× 19 年 4 月 1 日(期首)に、為替予約差額を振り戻す。

(5)× 19 年 6 月 30 日に(1)の掛け代金が現金で決済された。決済時の為替レートは 125 円 / ドルである。先物レートは 125 円 / ドルである。

問題 2　為替予約－予定取引　　　　　　　　　　　　　　　　　　応用問題

■答案用紙→ p4　■解答解説→ p87

　次の資料にもとづき、当期末(×5年3月31日)の貸借対照表および損益計算書
を作成しなさい。

1 . 決算整理事項

(1)×5年5月30日に予定されている機械の購入に伴って生じる未払金100ド
　　ルの支払いについて、為替予約(ドル買予約)を行った。予約レートは1ドル
　　104円である。為替予約は振当処理による。

(2)決算日における先物為替相場は1ドル105円である。法定実効税率を40％と
　　して税効果会計を適用する。

問題1　固定資産の取得原価　　　　　　　　　　　**基本問題**

■答案用紙→ p5　■解答解説→ p88

次の資料にもとづき、当期末（×5年3月31日）の貸借対照表および損益計算書を作成しなさい。円未満の端数は四捨五入すること。

決算整理前残高試算表
×5年3月31日　　　　　　　　　　（単位：円）

建　　　　　物	30,000	建物減価償却累計額	20,000
建 設 仮 勘 定	9,000		
土　　　　　地	10,000		

1. 決算整理事項

固定資産に係る資料は次のとおりである。残存価額はいずれも0である。

種　　　類	取得原価	償却方法	耐用年数	備　　考
本 社 建 物	30,000 円	定額法	30 年	－
新事業所建物	各自計算	定額法	30 年	(1)
備　　　品	各自計算	200％定率法	5 年	(2)
土　 地　 A	10,000 円	－	－	(3)
土　 地　 B	各自計算	－	－	(3)

(1)建設仮勘定は新事業所の建設代金であり、建物は×4年9月1日に完成し、建設会社より×4年10月1日に引渡しを受けたが未処理である。なお、新事業所を事業の用に供したのは×4年12月1日である。

(2)当期首に得意先より備品の贈与を受けたが未処理である。当期首における備品の公正な評価額は1,000円である。

改定償却率は0.500、保証率は0.10800である。

(3)当期末に当社が保有する土地A（簿価10,000円）と、B社が保有する土地Bを交換したが未処理である。交換時の土地Aの時価は12,000円である。

当社は土地Bを土地Aと異なる用途で使用している。

| 問題2 | 資本的支出と収益的支出 | | 基本問題 |

■答案用紙→ p5　■解答解説→ p89

次の資料にもとづき、当期末(×7年3月31日)の貸借対照表および損益計算書を作成しなさい。

決算整理前残高試算表(一部)

×7年3月31日　　　　　　　　(単位:円)

| 建　　　　物 | 600,000 | 建物減価償却累計額 | 120,000 |

1. 決算整理事項

(1)以下の①および②の期中取引の処理が未処理である。

　①建物の修繕を行い、修繕費100,000円を現金で支払った。

　②期首に、取得後5年が経過した建物(取得原価600,000円、耐用年数25年)について改修を行い、現金90,000円を支出した。この結果、当該建物の期首時点からの残存使用可能期間は30年に延長した。

(2)決算において、当該建物の減価償却を行う。なお、残存価額ゼロとして定額法により減価償却を行っており、資本的支出部分についても残存価額はゼロである。

問題3　総合償却　　　　　　　　　　　　　　　　　　　　応用問題

■答案用紙→ p5　■解答解説→ p91

次の資料にもとづき、当期末（×5年3月31日）の減価償却費を答えなさい。

決算整理前残高試算表
×5年3月31日　　　　　　　　　　　　　（単位：円）

機　　械	20,000	機械減価償却累計額	5,000

1. 決算整理事項

当社は、×2年4月1日に以下の機械を取得した。これらの機械について定額法により総合償却を行っている。

	取得原価	耐用年数	残存価額
A 機 械	9,000 円	10 年	ゼロ
B 機 械	8,000 円	8 年	ゼロ
C 機 械	3,000 円	6 年	ゼロ

平均耐用年数の計算で1年未満の端数が生じた場合には切り捨てること。

問題 1　繰延資産　　　　　　　　　　　　　　　　　　　　　　　　基本問題

■答案用紙→ p6　■解答解説→ p92

次の資料にもとづいて、当期末(×3年3月31日)における貸借対照表および損益計算書を作成しなさい。

決算整理前残高試算表　　　　　　(単位：円)

株式交付費	120,000
社債発行費	48,000

⑴株式交付費は、×1年10月1日に支出したものである。

⑵社債発行費は、×3年1月1日に社債を発行したさいに、発行費用として支出したものである。なお、社債発行費の償却方法は定額法によるものとする(×10年12月31日に償還)。

当社は、繰延資産として計上できるものはすべて繰延資産として処理し、最長償却期間で月割償却を行っている。なお、過年度の償却は適正に処理している。

| 問題1　連結上の退職給付会計 - *1* | 基本問題 |

■答案用紙→ p7　■解答解説→ p94

　次の資料にもとづいて、×2期末（×2年3月31日）の個別財務諸表上の、退職給付費用および退職給付引当金を算定し、連結貸借対照表上の退職給付に係る負債及び退職給付に係る調整額（連結包括利益計算書）の金額を答えなさい。

　なお、税効果会計は考慮しない。

【資料】

期首退職給付債務	6,000 円	期首年金資産	3,600 円
勤　務　費　用	660 円	期待運用収益	108 円
利　息　費　用	180 円		
期末実際退職給付債務	6,900 円	期末実際年金資産	3,708 円

　×2期に数理計算上の差異（借方差異）60円が発生した。なお、数理計算上の差異は発生年度の翌年度から5年で定額法により償却する。

　金額がマイナスとなる項目は、金額の前に「△」を付けること。

■答案用紙→ p7　■解答解説→ p95

問題2　連結上の退職給付会計 - *2*　　　　　　　　　　**基本問題**

　次の資料にもとづいて、×3期末（×3年3月31日）の個別財務諸表上の退職給付費用および退職給付引当金を算定し、連結貸借対照表上の退職給付に係る負債及び退職給付に係る調整額（連結包括利益計算書）の金額を答えなさい。なお、税効果会計を適用し、法定実効税率は40%である。

【資料】

期首退職給付債務	4,500 円	期 首 年 金 資 産	3,000 円
勤 務 費 用	500 円	期 待 運 用 収 益	80 円
利 息 費 用	150 円		
期末実際退職給付債務	5,220 円	期末実際年金資産	3,080 円

　×3期に過去勤務費用（借方差異）70円が発生した。なお、過去勤務費用は発生年度から7年で定額法により償却する。

　金額がマイナスとなる項目は、金額の前に「△」を付けること。

　次の資料にもとづいて、Ｐ社の当期末の連結損益計算書と連結貸借対照表を作成しなさい。なお、退職給付引当金について法定実効税率を40％として税効果会計を適用している。

　子会社の退職給付は考慮する必要はないものとする。金額がマイナスとなる項目は、金額の前に「△」を付けること。

【資料】

1. 当期末のＰ社の個別財務諸表

個別損益計算書		（単位：円）
退 職 給 付 費 用	2,000　法人税等調整額	800

個別貸借対照表		（単位：円）
繰 延 税 金 資 産	4,000　退職給付引当金	10,000

2. 数理計算上の差異

　Ｐ社は、数理計算上の差異を発生の翌年度から10年間にわたり定額法により償却している。

⑴　前期に発生した数理計算上の差異1,000円（借方差異）のうち100円を当期に償却した。

⑵　当期に新たに数理計算上の差異500円（借方差異）が発生した。

■答案用紙→ p8　■解答解説→ p98

問題4　組替調整　　　　　　　　　　　　　　　　応用問題

問1　P社はS社の発行済株式のすべてを取得し、S社を支配している。次の資料
　　にもとづき、当期末(×3年3月31日)の連結損益計算書(一部)と連結包括利
　　益計算書およびその他の包括利益の注記を作成しなさい。

【資料】

　×1年4月にP社は、A社株式(その他有価証券)を購入し、×3年3月に売却し
た。なお、税効果会計は考慮しない。全部純資産直入法による。

	取得原価	前期末時価	売却時時価
A社株式	1,000 円	1,200 円	1,500 円

　連結損益計算書における当期純利益は 11,000 円である。

問2　税効果会計(法定実効税率：40%)を適用した場合の上記財務諸表と注記を
　　作成しなさい。

　　　なお、税効果を適用した場合の注記は当期発生額と組替調整額を税効果調
　　整前の金額で記載し、税効果額を控除する形式で記載する。

■答案用紙→ p9　■解答解説→ p100

次の資料にもとづいて、S社株式追加取得時の連結修正仕訳を示しなさい。

⑴P社は第1年度末にS社の発行済株式の80%を325,000円で取得し、S社を子会社とした。

⑵P社は第2年度末にS社の発行済株式の10%を45,000円で追加取得した。

⑶S社の貸借対照表は次のとおりである。

貸 借 対 照 表 （単位：円）

資　　産	第1年度末	第2年度末	負債・純資産	第1年度末	第2年度末
諸　資　産	500,000	600,000	諸　負　債	125,000	205,000
			資　本　金	300,000	300,000
			利益剰余金	75,000	95,000
	500,000	600,000		500,000	600,000

⑷S社の諸資産のうち土地（帳簿価額50,000円）の時価は、第1年度末62,500円、第2年度末75,000円である。

⑸のれんは、発生年度の翌年から20年で定額法により償却する。

⑹S社の第2年度の当期純利益は20,000円である。

問題6　子会社株式の追加取得（取得関連費用）　　**応用問題**

■答案用紙→ p9　■解答解説→ p102

　次の資料にもとづき、追加取得にかかる連結修正仕訳を示しなさい。税効果会計は適用しない。

■資料

1．P社は×1年3月31日にS社の株式の60％を取得し、子会社株式として51,600円を計上している。なお、子会社株式の取得原価には、購入手数料600円が含まれている。

　その後、×2年3月31日にS社の株式の10％を追加取得し、子会社株式として11,500円を追加計上している。追加取得分の取得原価には、購入手数料500円が含まれている。

2．S社の純資産の内訳

　×1年3月31日

　　資　本　金：50,000円　　利益剰余金：25,000円

　　支配獲得時のS社の土地について5,000円の評価益が生じている。その他の資産および負債の時価は帳簿価額に等しいものとする。

　×2年3月31日

　　資　本　金　50,000円　　利益剰余金：45,000円

　　S社の当期純利益は20,000円であり、S社は剰余金の配当を行っていない。

3．のれんは、発生の翌年度より20年間にわたり均等償却する。

次の資料にもとづき、追加取得にかかる連結修正仕訳を示しなさい。

■資料

1．P社は、×1年3月31日にS社の議決権の60％を51,000円で取得し、S社を子会社とした。

2．P社は、×2年3月31日にS社の議決権の10％を11,000円で追加取得した。

3．S社純資産の内訳は以下のとおりである。

　　×1年3月31日
　　資　本　金：60,000円　資本剰余金：15,000円　利益剰余金：5,000円
　　その他有価証券評価差額金：2,500円

　　×2年3月31日
　　資　本　金：60,000円　資本剰余金：15,000円　利益剰余金：17,500円
　　その他有価証券評価差額金：7,500円
　　S社の当期純利益は12,500円であり、S社は剰余金の配当を行っていない。

4．支配獲得時のS社の資産および負債の時価は帳簿価額に等しいものとする。

5．のれんは発生の翌年度より20年で定額法により償却する。

問題8　子会社株式の売却　　　　　　　　　　　　　　　　基本問題

■答案用紙→ p10　■解答解説→ p106

　次の資料にもとづき、子会社株式売却時の連結修正仕訳を示し、×2年度末の連結財務諸表上ののれん、資本剰余金、非支配株主持分の金額を求めなさい。

(1) ×1年度末にP社はS社の発行済株式のうち80%を2,400千円で取得し支配した。

(2) ×2年度末にP社はS社の発行済株式のうち10%を350千円で売却した。

(3) ×1年度末と×2年度末のS社の個別貸借対照表は次のとおりである。ただし、S社の土地の時価は×1年度末は800千円である。

S社貸借対照表
(単位：千円)

資　　産	×1年度	×2年度	負債・純資産	×1年度	×2年度
諸 資 産	3,000	3,500	諸　負　債	1,100	1,400
土　　地	700	700	資　本　金	1,800	1,800
			資本剰余金	200	200
			利益剰余金	600	800
	3,700	4,200		3,700	4,200

(4) のれんは発生年度の翌年から5年で均等償却する。

(5) S社の×2年度における当期純利益の金額は200千円であった。

(6) P社の×2年度末における資本剰余金の残高は3,000千円であり、×2年度中の変動はなかった。

■答案用紙→ p10　■解答解説→ p108

次の資料にもとづき、S社株式の売却にかかる連結修正仕訳を示しなさい。税効果会計は適用しない。

■資料

1. P社は×1年3月31日にS社の株式の60％を取得し、子会社株式として48,600円を計上している。なお、子会社株式の取得原価には、購入手数料600円が含まれている。

　　その後、×2年3月31日にS社の株式の10％を10,000円で売却した。

2. S社の純資産の内訳

　　×1年3月31日

　　　資　本　金：50,000円　　利益剰余金：24,000円

　　　支配獲得時のS社の土地について1,000円の評価益が生じている。その他の資産および負債の時価は帳簿価額に等しいものとする。

　　×2年3月31日

　　　資　本　金：50,000円　　利益剰余金：44,000円

　　　S社の当期純利益は20,000円であり、S社は剰余金の配当を行っていない。

3. のれんは、発生の翌年度より20年間にわたり均等償却する。

■答案用紙→ p10　■解答解説→ p110

問題10 子会社株式の一部売却（その他有価証券評価差額金）　**応用問題**

次の資料にもとづき、S社株式の売却にかかる連結修正仕訳を示しなさい。

■資料

1. P社は、×1年3月31日にS社の議決権の80%を136,000円で取得し、S社を子会社とした。

2. P社は、×2年3月31日にS社の議決権の10%を21,000円で売却した。

3. S社純資産の内訳は以下のとおりである。

	資　本　金	利益剰余金	その他有価証券評価差額金
×1年3月31日	120,000円	39,000円	5,000円
×2年3月31日	120,000円	64,000円	15,000円

　(1)　支配獲得時のS社の土地について1,000円の評価益が生じている。その他の資産および負債の時価は帳簿価額に等しいものとする。

　(2)　S社の当期純利益は25,000円であり、S社は剰余金の配当を行っていない。

4. のれんは発生の翌年度より20年で定額法により償却する。

次の資料にもとづき、× 10 年 3 月 31 日の段階取得に係る差益と、のれんおよび非支配株主持分の金額を答えなさい。

【資料】

(1) P 社の S 社株式の取得状況

取　得　日	取　得　原　価	取得比率
× 9 年 3 月末	8,500 千円	10%
× 10 年 3 月末	45,000 千円	50%

(2) S 社資本の推移

	資　本　金	利益剰余金
× 9 年 3 月 31 日	50,000 千円	25,000 千円
× 10 年 3 月 31 日	50,000 千円	27,500 千円

(3) S 社の土地の時価

	× 10 年 3 月末
土　　　　　地	41,250 千円（簿価 40,000 千円）

(4) その他の事項

  ①P 社・S 社の決算日は毎年 3 月 31 日である。

  ②× 10 年 3 月末において保有している S 社株式の時価は× 10 年 3 月末に取得した株式の金額をもとに計算すること。

  ③土地以外の諸資産、諸負債に簿価と時価の乖離はないものとする。

問題12　段階取得（持分法から連結への移行）　　　　応用問題

■答案用紙→ p11　■解答解説→ p114

　次の資料にもとづき、×2年3月31日の持分法による投資損益、段階取得に係る差益、のれん、非支配株主持分の金額を求めなさい。

⑴P社のS社株式の取得状況とS社資本

　P社は×2年3月末にS社を支配した。

取得日	取得原価	取得比率	資本金	利益剰余金
×1年3月末	410円	20%	1,000円	520円
×2年3月末	1,000円	40%	1,000円	920円

　×1年3月末のS社の土地の時価は830円（簿価800円）である。

　×2年3月末のS社の土地の時価は880円（簿価800円）である。

⑵のれんは発生の翌年度より10年間で均等償却する。

⑶×1年度のS社の当期純利益は400円である。

⑷×2年3月末のP社が保有するS社株式の時価は各自計算すること。

　次の資料にもとづき、× 2 年 3 月 31 日の連結財務諸表における以下の金額を答えなさい。税効果会計（税率 40％）を適用する。

(1)建　　物
(2)減価償却累計額
(3)減価償却費
(4)繰延税金負債
(5)非支配株主持分

(1)P 社は× 1 年 3 月末に S 社の発行済株式（S 社株式）の 80％を 8,000 円で取得し、S 社を支配した。
支配獲得時の子会社の資本：
資本金：5,000 円　利益剰余金：4,400 円
①子会社の建物について 1,000 円の評価益が生じている。
②建物の償却方法は、定額法、耐用年数：11 年、残存価額：ゼロであり、支配獲得時からの残存耐用年数は 10 年である。

(2)当期末（× 2 年 3 月 31 日）の個別財務諸表（単位：円）

貸 借 対 照 表

	P 社	S 社
建　　　　物	20,000	11,000
減価償却累計額	6,000	2,000

損 益 計 算 書

	P 社	S 社
減 価 償 却 費	2,000	1,000

(3)S 社の当期純利益は 2,000 円である。

研究 繰越欠損金の税効果

1. 欠損金とは

　会計上は、会計期間ごとに収益と費用の差額で期間損益を計算します。税務上も原則として事業年度ごとに益金と損金の差額で課税所得を計算します。ここで、税務上、損金の額が益金の額を超える（課税所得のマイナス）場合、その金額を欠損金といい、一定の期間に限りこの欠損金を繰り越し、翌期以降の課税所得と相殺することが認められています。

2. 欠損金発生時

　繰越欠損金には、将来、課税所得が生じたときに税務上、課税所得と相殺することで、税金を減額する効果があります。そのため、将来減算一時差異に準ずるものと考え、繰延税金資産を計上します。

3. 課税所得発生時

　課税所得が発生し、繰越欠損金と課税所得を相殺したときに、繰延税金資産を取崩します。

(1)　×1年度に税務上10,000円の欠損金（課税所得のマイナス）が発生した。×2年度以降は十分な課税所得が生じ、10,000円の全額を相殺できる見込みである。繰越欠損金について税効果会計を適用する。法定実効税率は40%とする。

(2)　×2年度に8,000円の課税所得が発生したため、繰越欠損金のうち8,000円を課税所得から減額した。

(1)×1年度末

(借)繰 延 税 金 資 産	4,000*	(貸)法 人 税 等 調 整 額	4,000

　＊　10,000円×40% = 4,000円

　仮に10,000円のうち、繰越期間内で合計6,000円の課税所得しか見込めない場合には、繰延税金資産2,400円を計上します。

(2)×2年度末

(借)法 人 税 等 調 整 額	3,200*	(貸)繰 延 税 金 資 産	3,200

　＊　8,000円×40% = 3,200円

問題1 在外子会社の財務諸表項目の換算　　基本問題
■答案用紙→ p12　■解答解説→ p117

次の資料から円建ての損益計算書と貸借対照表を作成しなさい。換算に用いる為替レートは「外貨建取引等会計処理基準」の原則規定による。なお、空欄がすべてうまるとは限らない。

【資料1】子会社の財務諸表

子会社損益計算書　　　　（単位：ドル）

売 上 原 価	520	売 上 高	720
減価償却費	135	受 取 利 息	145
その他の費用	175		
当期純利益	35		
	865		865

子会社貸借対照表　　　　（単位：ドル）

現 金 預 金	250	買 掛 金	277
売 掛 金	350	減価償却累計額	135
商 品	300	資 本 金	1,650
備 品	1,200	利 益 剰 余 金	38
	2,100		2,100

【資料2】その他の事項

(1)売上高のうち、250ドルは親会社に対する売上高である。

(2)(1)について親会社では子会社からの仕入時の為替レート(118円／ドル)で換算、記帳している。

(3)子会社は当期において剰余金の配当2ドルを実施した。なお、子会社における利益剰余金当期首残高は5ドルである。

(4)換算に必要な為替レートは次のとおりである。

　　親会社が子会社株式を前期末に取得したときの為替レート：116円／ドル

　　決算時(当期)の為替レート：120円／ドル

　　当期の期中平均為替レート：119円／ドル

　　配当確定時のレート：115円／ドル

次の資料にもとづき、P社の当期（×2年4月1日～×3年3月31日）の連結財務諸表を作成しなさい。

【資料1】P社とS社の個別財務諸表

P社損益計算書
自×2年4月1日 至×3年3月31日（単位：円）

諸　費　用	31,050	諸　収　益	35,600
当期純利益	5,229	受取配当金	679
	36,279		36,279

S社損益計算書
自×2年4月1日 至×3年3月31日（単位：ドル）

諸　費　用	120	諸　収　益	160
当期純利益	40		
	160		160

P社貸借対照表
×3年3月31日（単位：円）

諸　資　産	80,000	諸　負　債	37,150
S 社 株 式	13,300	資　本　金	40,000
		利益剰余金	16,150
	93,300		93,300

S社貸借対照表
×3年3月31日（単位：ドル）

諸　資　産	380	諸　負　債	150
		資　本　金	150
		利益剰余金	80
	380		380

【資料2】その他の事項

1．P社は×2年3月31日に米国にあるS社の発行済み株式の70％を13,300円で取得し、子会社とした。

2．支配獲得日のS社資本は資本金150ドル、利益剰余金50ドルであり、S社の資産と負債の帳簿価額（ドル建て）は時価と一致していた。

3．S社は当期中に剰余金の配当10ドルを行っている。

4．P社の前期末の利益剰余金は13,921円であり、当期中に3,000円の剰余金の配当を行っている。

5．換算に必要な為替レート（1ドルあたり）は次のとおりである。

なお、収益、費用項目については期中平均レートを用いる。

×2年3月31日：95円　　　配当確定時のレート：97円

×3年3月31日：100円　　　期中平均レート：98円

問題3 在外子会社の連結（外貨建てのれん）　　応用問題

■答案用紙→ p14　■解答解説→ p122

　次の資料にもとづき、×2年3月31日の連結貸借対照表におけるのれん、為替換算調整勘定および非支配株主持分を求めなさい。

(1)P社は、前期末(×1年3月31日)にS社の発行済株式の80%を90ドルで取得し、S社を子会社とした。同日のレートは@100円である。

　×1年3月末のS社資本

　資本金：70ドル　　利益剰余金：30ドル

　子会社の資産・負債の時価は簿価と一致している。

(2)のれんは発生の翌年度より10年間で均等償却する。

(3)S社の当期純利益は10ドルである。期中平均レートは@101円である。

(4)×2年3月末のS社の資本は、次のとおりである。

　資本金：70ドル　　利益剰余金：40ドル

　当期末のレートは@102円である。

■答案用紙→ p14 ■解答解説→ p124

　P社は×1年3月31日にS社株主と株式交換を行い、S社を完全子会社とした。P社・S社ともに決算日は3月31日であり、この株式交換はP社を取得企業とする「取得」とされる。

　次の資料にもとづき、答案用紙のP社の個別貸借対照表と、連結貸借対照表を作成しなさい。

【資料】

1.×1年3月31日のP社とS社の株式交換直前の貸借対照表は次のとおりである。なお、S社の諸資産の時価は11,200円であった。

P社貸借対照表
×1年3月31日（単位：円）

諸資産	60,000	諸負債	14,000
		資本金	30,000
		利益剰余金	16,000
	60,000		60,000

S社貸借対照表
×1年3月31日（単位：円）

諸資産	10,000	諸負債	3,000
		資本金	5,000
		利益剰余金	2,000
	10,000		10,000

2.P社はS社の株主に対し、P社株式1,000株（株式交換時の時価は@10円）を交付し、増加資本のすべてを資本金として処理する。

問題5 株式移転の連結上の処理 応用問題

■答案用紙→p15 ■解答解説→p126

A社とB社はC社を設立し、C社を完全親会社とする株式移転を行った。この株式移転はA社を取得企業とする「取得」と判定された。

次の資料にもとづき、答案用紙のC社の個別貸借対照表と、連結貸借対照表を作成しなさい。

貸 借 対 照 表 （単位：円）

科　　　目	A社	B社	科　　　　目	A社	B社
諸　資　産	800	400	諸　負　債	200	100
			資　本　金	400	200
			資 本 剰 余 金	40	20
			利 益 剰 余 金	160	80
	800	400		800	400

⑴株式移転によりC社はA社の株主に対して30株、B社の株主に対して20株を交付した。株式移転時におけるA社株式の時価は@22円である。

⑵C社は増加資本のうち半額を資本金、残額を資本剰余金とする。

⑶株式移転日のB社の諸資産の時価は500円である。

P社は前期末にS社株式の60％を取得し、実質的に支配している。次の資料にもとづき、原則法によって連結キャッシュ・フロー計算書(一部)を作成しなさい。

なお、営業活動によるキャッシュ・フローは直接法によって表示すること。

【資料1】　当期の個別キャッシュ・フロー計算書(一部)

キャッシュ・フロー計算書　　　　　　　　(単位：円)

摘　　　　要	P　社	S　社
Ⅰ　営業活動によるキャッシュ・フロー		
営　業　収　入	298,000	114,000
商　品　の　仕　入　支　出	△172,000	△74,000
人　件　費　の　支　出	△30,000	△10,000
そ　の　他　の　営　業　支　出	△50,000	△17,000
小　　　　計	46,000	13,000
利息及び配当金の受取額	6,500	700
利　息　の　支　払　額	△4,000	△1,600
法　人　税　等　の　支　払　額	△9,100	△3,600
営業活動によるキャッシュ・フロー	39,400	8,500
⋮	⋮	⋮
Ⅲ　財務活動によるキャッシュ・フロー		
配　当　金　の　支　払　額	△10,000	△4,000
⋮	⋮	⋮

【資料2】

(1) P社は当期中にS社に対して商品 72,000 円を掛けで販売した。その掛代金のうち 50,000 円については、期末までに現金にて回収を終えている。

(2) S社は当期に剰余金の配当 4,000 円を行い、P社はそのうち 2,400 円を受け取っている。

(3) マイナスのキャッシュ・フローには、数字の前に△印を付けること。

■答案用紙→ p17　■解答解説→ p132

　P社はS社を実質的に支配し、連結子会社としている。次の資料にもとづき、当期の連結キャッシュ・フロー計算書(営業活動によるキャッシュ・フローまで)を作成しなさい。なお、営業活動によるキャッシュ・フローは間接法によること。マイナスのキャッシュ・フローとなる場合は、数字の前に△印を付けること。

【資料】

(1)前期末および当期末における連結貸借対照表

連 結 貸 借 対 照 表　　　　(単位：円)

資　　　　産	前 期 末	当 期 末	負債・純資産	前 期 末	当 期 末
現 金 預 金	17,160	24,820	支 払 手 形	9,900	10,500
受 取 手 形	10,300	11,400	買 　 掛 　 金	9,300	8,200
売 　 掛 　 金	9,200	10,600	未 払 利 息	30	70
貸 倒 引 当 金	△ 390	△ 440	未払法人税等	4,400	4,900
商 　 　 　 品	7,900	8,400	長 期 借 入 金	13,000	10,000
未 収 利 息	60	90	資 　 本 　 金	60,000	60,000
前 払 営 業 費	3,000	1,000	利 益 剰 余 金	26,000	34,000
建 　 　 　 物	70,000	76,000	非支配株主持分	2,200	3,300
減価償却累計額	△ 15,000	△ 20,300			
の 　 れ 　 ん	2,600	2,400			
長 期 貸 付 金	20,000	17,000			
	124,830	130,970		124,830	130,970

(2)連結損益計算書

連 結 損 益 計 算 書 （単位：円）

Ⅰ	売　上　高		145,000
Ⅱ	売　上　原　価		81,000
	売　上　総　利　益		64,000
Ⅲ	販売費及び一般管理費		
	減　価　償　却　費	9,300	
	貸倒引当金繰入	100	
	のれん償却額	200	
	その他の営業費	14,000	23,600
	営　業　利　益		40,400
Ⅳ	営業外収益		
	受取利息配当金		1,900
Ⅴ	営業外費用		
	支　払　利　息		1,700
	経　常　利　益		40,600
Ⅵ	特　別　損　失		
	固定資産売却損	3,000	
	損　害　賠　償　損　失	9,000	12,000
	税金等調整前当期純利益		28,600
	法　人　税　等		13,900
	当　期　純　利　益		14,700
	非支配株主に帰属する当期純利益		1,700
	親会社株主に帰属する当期純利益		13,000

(3)その他の資料

1．P社はS社の発行済株式総数の80％を保有している。

2．各社が当期中に支払った配当金の額は以下のとおりであった。

P社5,000円　S社3,000円

3．当期中に行われた親子会社間の取引は配当金の授受のみであった。

4．損害賠償損失は、当期に支払った損害賠償金9,000円に対応するものである。

5．現金預金はすべて現金及び現金同等物に該当する。

| 問題1 | 本支店合併財務諸表の作成 - 1 | 基本問題 |

■答案用紙→ p18　■解答解説→ p135

次の資料により、本支店合併の損益計算書(売上総利益まで)を作成しなさい
(決算日3月31日)。

【資料1】　決算整理前残高試算表(一部)

決算整理前残高試算表

×9年3月31日

(単位：円)

借　方	本　店	支　店	貸　方	本　店	支　店
繰越商品	12,000	9,300	繰延内部利益	1,200	−
支　店	72,000	−	本　店	−	49,000
仕　入	393,000	189,000	売　上	491,250	270,000
本店より仕入	−	36,800	支店へ売上	59,800	−

【資料2】　未処理引事項
(1)本店が支店へ発送した商品23,000円(振替価格)が支店で未処理である。

【資料3】　決算整理事項等
(1)本店は支店へ商品を発送するにあたり、毎期原価に15％の利益を加算している。
(2)期末商品棚卸高(未処理分は含まれていない)

　　本店：20,000円　　支店：15,000円(うち、本店仕入分3,680円)

問題2	本支店合併財務諸表の作成 - 2	応用問題

■答案用紙→ p18　■解答解説→ p137

次の資料にもとづき、本支店合併損益計算書および貸借対照表に表示される(1)から(4)の金額を答えなさい。

【資料】

本　　　店　　帳簿棚卸高　20,000 円

実地棚卸高　18,000 円

支　　　店　　帳簿棚卸高　19,920 円

外部仕入分　帳簿数量 100 個　　原価@ 120 円

実地数量　90 個　　正味売却価額@ 110 円

本店仕入分　帳簿数量　60 個　　原価@各自計算

実地数量　50 個　　正味売却価額@ 100 円

なお、本店から仕入れた商品については、原価に 20%の利益が加算されている。

(1)損益計算書　期末商品棚卸高

(2)損益計算書　棚 卸 減 耗 損

(3)損益計算書　商 品 評 価 損

(4)貸借対照表　商　　　　　品

■答案用紙→ p18　■解答解説→ p139

次の資料により総合損益勘定への記入を行いなさい。なお、決算日は３月31日である。

【資料１】

本　店　損　益　　　　　　（単位：円）

3/31	繰 越 商 品	30,000	3/31	売　　　上	230,000
〃	仕　　　入	125,000	〃	支 店 へ 売 上	69,000
〃	販　売　費	25,000	〃	繰 越 商 品	40,000
〃	一 般 管 理 費	35,000			
〃	支 払 利 息	7,000			
〃	給　　　料	4,000			

支　店　損　益　　　　　　（単位：円）

3/31	繰 越 商 品	17,250	3/31	売　　　上	140,000
〃	仕　　　入	65,000	〃	繰 越 商 品	33,500
〃	本 店 よ り 仕 入	69,000			
〃	販　売　費	3,000			
〃	給　　　料	2,000			

【資料２】

(1)本店から支店へ商品を送付するさいに、毎期15％の利益を加算している。
損益勘定の借方の繰越商品は期首商品棚卸高、貸方の繰越商品は期末商品棚卸高、仕入は当期商品仕入高をあらわしている。

(2)支店の期首商品はすべて本店から仕入れたものである。

(3)支店の期末商品のうち22,000円は外部から仕入れたものであり、残りは本店から仕入れたものである。

(4)税引前当期純利益に対して40％の法人税等を計上する。なお、税効果会計は考慮しない。

| 問題4 | 在外支店の財務諸表項目の換算 | 基本問題 |

■答案用紙→p19　■解答解説→p141

次の資料にもとづき、在外支店の円貨額による(1)貸借対照表および(2)損益計算書を完成させなさい。

【資料1】在外支店の決算整理後残高試算表

決算整理後残高試算表
×19年3月31日　　　　（単位：ドル）

現　金　預　金	450	買　　掛　　金	810
売　　掛　　金	750	長　期　借　入　金	735
繰　越　商　品	300	減価償却累計額	135
備　　　　　品	1,350	本　　　　店	880
仕　　　　　入	4,200	売　　　　上	4,800
減　価　償　却　費	135		
そ の 他 の 費 用	175		
	7,360		7,360

【資料2】その他の事項

(1)当期の売上原価は、期首商品400ドル（前期の期中平均為替レートにより換算）、当期仕入高4,100ドル、期末商品300ドルにより計算されている。

(2)本店勘定はすべて本店からの送金額である。

(3)備品は当期首に取得したものである。取得原価は1,350ドル（取得時のレート118円／ドル）、残存価額10％、耐用年数9年で減価償却を行う。

(4)換算に必要な1ドルあたりのレートは次のとおりである。

長期借入金発生時為替レート	120円／ドル
期中平均為替レート（当期）	121円／ドル
期中平均為替レート（前期）	122円／ドル
本店から送金時為替レート	120円／ドル
期末為替レート	119円／ドル

■答案用紙→ p20　■解答解説→ p143

問題1　履行義務の配分　　　　　　　　　　　　　　　　　　　　　基本問題

　当期の会計期間は、×2年4月1日から×3年3月31日までの1年である。当期末の貸借対照表および損益計算書を作成しなさい。

決算整理前残高試算表

		×3年3月31日		（単位：円）
売　掛　金	24,000	貸 倒 引 当 金		200
		売　　　　上		80,000

1．決算整理事項

　(1)以下の保守サービス付き商品の販売の処理が未処理である。

　　　当社は、A社と商品の販売と保守サービスの提供の契約を締結し、代金を掛けとした。なお、契約上、商品をA社に移転したときにA社に支払義務が発生する。

　　① 　商品の販売と1年間の保守サービスの提供の対価：6,000円

　　② 　独立販売価格

　　　商品：5,600円　　　1年間の保守サービス：1,400円

　　③ 　×3年2月1日に商品をA社に引き渡し、A社では検収を完了し使用可能となり、代金は×3年4月末払いとしたが、未処理である。

　　④ 　期末において、保守サービスのうち当期分について売上として収益計上を月割計算で行う。

　(2)売掛金期末残高に対して2％の貸倒引当金を差額補充法により計上する。

問題 2 　変動対価（リベート）　　　　　　　　　　**基本問題**

■答案用紙→ p20　■解答解説→ p145

当期の会計期間は、×2年4月1日から×3年3月31日までの1年である。当期末の貸借対照表および損益計算書を作成しなさい。

決算整理前残高試算表

×3年3月31日　　　　　　　　　（単位：円）

売　　掛　　金	26,000	貸 倒 引 当 金	200
		売　　　　　上	80,000

1. 決算整理事項

　(1) 以下の商品の販売の処理が未処理である

　　　当社は、得意先B社に商品を 4,000 円で掛け販売した。B社に対する過去の販売実績より、当期の販売金額のうちB社に返金する可能性が高いリベートを 200 円と見積もった。この 200 円について、返金負債として計上する。

　(2) 売掛金期末残高に対して 2 ％の貸倒引当金を差額補充法により計上する。

問題 3　返品権付き販売　　　　　　　　　　　　　　基本問題

■答案用紙→ p21　■解答解説→ p146

　当期の会計期間は、×2年4月1日から×3年3月31日までの1年である。当期末の貸借対照表および損益計算書を作成しなさい。商品の記帳方法は売上原価対立法による。

決算整理前残高試算表

×3年3月31日　　　　　　　　　　（単位：円）

売　掛　金	13,000	貸 倒 引 当 金	100
商　　　品	12,000	売　　　上	80,000
売 上 原 価	48,000		

1．決算整理事項

(1)以下の商品の販売の処理が未処理である

　①×3年3月30日に商品を2,000円で得意先甲社に掛けで販売した。なお、顧客が未使用の商品を30日以内に返品する場合、全額、返金に応じる契約となっている。

　②これまでの販売実績よりこのうち400円の返品が見込まれた。商品の原価率は60％である。

(2)売掛金期末残高に対して2％の貸倒引当金を差額補充法により計上する。

(3)期末商品について棚卸減耗および収益性の低下は生じていない。

問題4 重要な金融要素 **基本問題**

■答案用紙→ p21　■解答解説→ p148

　当期の会計期間は、×2年4月1日から×3年3月31日までの1年である。当期末の貸借対照表および損益計算書を作成しなさい。

決算整理前残高試算表

×3年3月31日　　　　　　　　（単位：円）

売　　掛　　金	25,000	貸 倒 引 当 金	3,500
		売　　　　　上	250,000

1. 決算整理事項

　(1)以下の取引の処理が未処理である。

　　　当社は×2年4月1日にB社に機械装置を納入し、代金を2年後の決済とした。B社への販売価格は、現金販売価格50,000円に金利（年2％）を含んだ52,020円である。当社では取引価格に重要な金融要素が含まれていると判断し、利息法により利息を配分することとした。

　(2)×3年3月31日に金利部分のうち当期分について利息を計上する。

　(3)上記決算整理前残高試算表の売掛金残高と、B社への販売価格52,020円に対して5％の貸倒引当金を差額補充法により計上する。

当期の会計期間は、×2年4月1日から×3年3月31日までの1年である。当期末の貸借対照表および損益計算書を作成しなさい。

決算整理前残高試算表
×3年3月31日 (単位：円)

現	金	20,000	買 掛 金	44,000
売 掛 金		100,000	貸 倒 引 当 金	1,400
繰 越 商 品		44,000	売 上	100,000
仕 入		76,000		

1．決算整理事項

⑴以下の商品売買の取引の処理が未処理である。

　①当社は、乙社から商品Cの販売を請け負っており、当社の店舗で商品Cの販売を行っている。

　　商品Cが当社に納品された時に当社は商品の検収を行っておらず、商品の所有権および保管責任は乙社が有している。そのため、商品C納品時に、当社では仕入計上を行っていない。

　②当社は、顧客に商品Cを10,000円で販売し、代金は現金で受取った。販売した商品の当社の仕入値は7,000円であり、乙社に後日支払う。

⑵期末商品帳簿棚卸高は50,000円である。期末商品について棚卸減耗および収益性の低下は生じていない。

⑶売掛金期末残高に対して2％の貸倒引当金を差額補充法により計上する。

問題6 商品券　　　　　　　　　　　　　　　応用問題

■答案用紙→ p22　■解答解説→ p150

当期の会計期間は、×2年4月1日から×3年3月31日までの1年である。当期末の貸借対照表および損益計算書を作成しなさい。

決算整理前残高試算表
×3年3月31日　　　　　　　　　（単位：円）

現　　　　金	20,000	売　　　　上	100,000
繰 越 商 品	44,000		
仕　　　　入	76,000		

1．決算整理事項

(1)以下の取引の処理が未処理である。

①当社は、×2年4月に商品券11,000円を発行し、顧客より現金を受け取った。商品券の発行について、当社では仕訳上、発行商品券勘定で処理し、財務諸表に計上するときは契約負債として表示している。

なお、商品券の過去の使用実績から、商品券発行額のうち1,000円を非行使部分と見積もった。

②当期中に3,000円（原価2,100円）の商品券の提示を受け、商品を引き渡した。

③非行使部分1,000円については一括収益計上せず、権利行使割合に応じて雑収入として計上する。

(2)期末商品帳簿棚卸高は50,000円（上記(1)②の未処理分を含む）である。期末商品について棚卸減耗および収益性の低下は生じていない。

当期の会計期間は、×2年4月1日から×3年3月31日までの1年である。当期末の貸借対照表および損益計算書を作成しなさい。なお、円未満の端数が生じたときは四捨五入する。商品の記帳方法は三分法による。

前期末・貸借対照表
×2年3月31日 （単位：円）

現　金　預　金	800,000	契　約　負　債	4,960
商　　　　　品	220,000		

1. 期中取引、決算整理事項

  (1)当社は前期の×2年3月よりポイント制度を採用した。販売価格100円につき1ポイント付与し、顧客は次回に、1ポイント1円で商品と交換できる。

  (2)前期の×2年3月に商品を625,000円で現金販売し、顧客に6,250ポイントを付与した。

    6,250ポイントのうち80%分の5,000ポイントは使用を見込んでおり、残り20%分の1,250ポイントは未使用と見込んでいる。

    商品の独立販売価格は625,000円、ポイントの独立販売価格は5,000円と見積もられた。前期の処理は適切に行われている。

  (3)当社は商品をすべて現金で仕入れている。当期に700,000円を現金で仕入れた。

  (4)当期の商品販売額は754,000円であり、そのうち現金売上は750,000円、前期に付与したポイント使用による売上は4,000円であった。顧客に付与したポイントは7,500ポイントであり、20%の未使用を見込んでいる。

    商品の独立販売価格は750,000円、ポイントの独立販売価格は6,000円と見積もられた。

    なお、現金による売上およびポイント付与の仕訳と、ポイント利用による売上の仕訳を分けて行う。

  (5)期末商品棚卸高は316,800円であった。期末商品について棚卸減耗および収益性の低下は生じていない。

問題8　契約資産が計上される場合　　　　　応用問題

■答案用紙→ p23　■解答解説→ p154

当期の会計期間は、×2年4月1日から×3年3月31日までの1年である。当期末の貸借対照表および損益計算書を作成しなさい。

決算整理前残高試算表
×3年3月31日　　　　　　　　（単位：円）

売　掛　金	10,000	貸倒引当金	200
		売　　　上	50,000

1．決算整理事項

(1)以下の商品販売の処理が未処理である。

①当社は、甲社と商品Aおよび商品Bを合わせて2,000円で販売する契約を締結した。2,000円の対価は、当社が商品Aと商品Bの両方を甲社に移転した後にはじめて支払われる契約となっている。

②商品Aの独立販売価格は840円、商品Bの独立販売価格は1,260円である。

③当社は×3年3月1日に商品Aを甲社に引き渡した。

④商品Bは翌期の×3年5月1日に引き渡す予定である。

(2)売掛金と契約資産の期末残高に対して2％の貸倒引当金を差額補充法により計上する。

Chapter 10 工事契約

問題1 工事収益の認識 - 1 　　　　　基本問題

■答案用紙→p24 　■解答解説→p158

　以下の資料にもとづき、甲建設会社（会計期間は1年、決算日は3月31日）の各年度の工事収益、工事原価および工事利益の額を、次のそれぞれの場合において計算しなさい。

(1)　工事の進捗度を合理的に見積もることができ、進捗度にもとづいて収益を認識する場合

　　進捗度の見積り方法は原価比例法による。なお、工事原価総額の見積額は5,000万円である。

(2)　工事の進捗度を合理的に見積もることができず、原価回収基準により収益を認識する場合

　　なお、金額がゼロの場合には、「0」と記入すること。

【資料】

(1)　工事請負金額は6,500万円。工事契約は、×1年5月10日に着工し、×3年6月12日に完成、引渡しの約束。

(2)　工事原価の実際発生額は、×1年度が3,000万円、×2年度が1,200万円、×3年度が800万円。

(3)　この工事について、一定期間にわたり充足される履行義務と判断した。

問題2　工事収益の認識 - 2　　　　　応用問題

■答案用紙→ p24　■解答解説→ p160

　以下の資料にもとづき、A建設㈱(会計期間は1年、決算日は3月31日)の×1
年度、×2年度、×3年度の各工事利益を、次のそれぞれの場合において計算しな
さい。なお、工事進捗度の計算上、端数が生じたときは、小数点第3位を四捨五入す
ること。

(1)　進捗度を合理的に見積もることができ、進捗度にもとづいて原価比例法によ
　り収益を認識する場合
　　工事開始時および×1年度末における工事原価総額の見積額は 180,000 千
　円であったが、×2年度に工事原価総額を 186,000 千円に変更した。

(2)　×1年度に進捗度を合理的に見積もることができず、原価回収基準により収
　益を認識する場合
　　なお、×2年度に工事原価総額を 186,000 千円と見積もることができたため、
　×2年度より進捗度にもとづき原価比例法により収益を認識する。また、金額
　がゼロの場合には、「0」と記入すること。

【資料】
　(1)　工事請負金額は 270,000 千円。工事契約は、×1年5月14日に着工し、×4
　　年1月30日に完成、引渡しの約束。

　(2)　工事原価の実際発生額は、×1年度が 60,000 千円、×2年度が 75,000 千円、
　　×3年度が 54,000 千円であった。

　(3)　この工事について、一定期間にわたり充足される履行義務と判断した。

　以下の資料にもとづき、北海建設株式会社（会計期間は1年、決算日は3月31日）の財務諸表計上額について、以下の問に答えなさい。

問1　各年度の完成工事高、完成工事原価、完成工事総利益の金額を答えなさい。
問2　各年度末の契約資産、契約負債、完成工事未収入金の金額を答えなさい。
　　金額がゼロの場合には、「0」と記入すること。

【資料】

⑴　工事請負金額は900,000千円。この工事契約は、×1年4月1日に着工され、×4年2月28日に完成し、引き渡された。なお、注文主である東北商事株式会社の支払義務は、工事物件の引渡し時に発生する契約である。

⑵　×1年度と×2年度の各決算日の翌日から完成までに要する工事原価の見積額は、×1年度末が486,000千円であり、×2年度末が155,100千円であった。工事の進捗度を合理的に見積もることができるため、進捗度にもとづいて原価比例法により収益を認識する。

⑶　工事原価の実際発生額は、×1年度が189,000千円、×2年度が360,900千円であり、×3年度が158,700千円であった。

⑷　東北商事株式会社から工事代金として、当座預金口座に以下の入金があった。
　　　　×1年4月30日　　300,000千円
　　　　×2年4月30日　　300,000千円
　　　　×3年4月30日　　200,000千円
　　　　×4年4月30日　　100,000千円

⑸　この工事について、一定期間にわたり充足される履行義務と判断した。

問題4 工事損失引当金 応用問題

■答案用紙→ p25 ■解答解説→ p164

以下の資料より、×2年度と×3年度の財務諸表に計上される次の金額をそれ
ぞれ答えなさい。解答欄の数字が0の場合には、0と記入のこと。

(1)完成工事高

(2)完成工事原価

(3)工事損失引当金

1.工事収益総額 11,000 円　工事期間 3 年(×1年度～×3年度)

この工事について一定期間にわたり充足される履行義務と判断し、工事の進捗
度を合理的に見積もることができるため、進捗度に応じて原価比例法により収
益を認識する。

2.工事原価総額の見積額 10,000 円

×2年度期首に工事原価総額の見積額を 12,000 円に変更した。

3.工事原価発生額

×1年度：1,000 円、×2年度 5,000 円、×3年度 6,000 円

問題1　委託販売 - *1*　　　　　　　　　　　　　　　基本問題

■答案用紙→ p26　■解答解説→ p166

次の資料にもとづき、損益計算書を作成しなさい。

【資料1】決算整理前残高試算表

決算整理前残高試算表　　　　　　（単位：円）

繰 越 商 品	50,000	一 般 売 上	200,000
積 送 品	85,000	積 送 品 売 上	74,800
仕 入	120,000		

【資料2】決算整理事項等

1. 期末手許商品棚卸高 20,000 円

2. 委託販売は当期より開始しており、期末に一括して仕入勘定で売上原価を計算する方法によっている。

3. 一般販売の利益率は25%であり、委託販売の売価は一般販売の10%増しである。

問題2 委託販売 - 2 　　　　　　　　　　　　　**応用問題**

■答案用紙→ p26　■解答解説→ p167

次の資料にもとづき、損益計算書および貸借対照表の一部を完成させなさい。

【資料1】決算整理前残高試算表

決算整理前残高試算表			（単位：円）
繰 越 商 品	172,000	一 般 売 上	624,000
積 送 品	24,000	積 送 品 売 上	239,200
仕 入	594,000		
積 送 諸 掛	23,760		

【資料2】決算整理事項等

1. 期末手許商品棚卸高 142,000 円

2. 委託販売は当期より開始しており、販売のつど、売上原価を仕入勘定に振り替える方法によっている。

3. 一般販売の原価率は75%であり、積送品は一般販売の15%増しで販売している。

4. 積送諸掛の内訳は次のとおりである。

保 管 料	2,880 円
手 数 料	20,880 円
	23,760 円

(注)保管料は、当期に積送した全商品に対するものである。

次の資料にもとづき、損益計算書を作成しなさい。

【資料1】決算整理前残高試算表

決算整理前残高試算表　　　　　　　（単位：円）

繰　越　商　品	3,000	一　般　売　上	148,750
試　　用　　品	8,000	試 用 品 売 上	34,500
仕　　　　　入	144,000		

【資料2】決算整理事項等

(1)期首試用品原価3,000円

(2)一般販売の原価率は80％であり、試用販売は一般販売の15％増しの売価を設定している。

(3)試用販売はその都度法により処理を行っている。

問題4 未着品売買　　　　　　　　　　　　　　　　応用問題

■答案用紙→p27　■解答解説→p172

次の資料にもとづき、当期末(×5年3月31日)の損益計算書を作成しなさい。

決算整理前残高試算表　　　　　　　(単位:円)

繰 越 商 品	150	一 般 売 上	1,000
未 着 品	200	未 着 品 売 上	600
仕 入	1,380		

1.決算整理事項

(1)一般商品と未着品販売の原価率は80%である。未着品販売の売上原価の処理
　はその都度法による。

(2)当期の未着品の取引(処理済み)は次のとおりである。

　期首未着品:180円、当期船荷証券受取高:500円

　未着品転売高:480円(原価)、期末未着品:200円

(3)期末商品帳簿棚卸高250円、棚卸減耗と商品の収益性の低下は生じていない。

　次の資料にもとづき、以下の問に答えなさい。なお、計算の過程で千円未満の端数が生じた場合には、千円未満を四捨五入すること。なお、金額がゼロの場合には、「 0 」と記入すること。

【資料】

　1．当社は×1年4月1日に得意先甲社に商品を3回の分割払い（毎年3月末払い）の契約で販売し、甲社に商品を引き渡した。

　　　販売した商品の原価は 5,076 千円、現金正価は 6,345 千円、割賦売価は 6,600 千円である。割賦売価と現金正価との差額は利息として計上する。

　2．×2年3月31日に甲社より 2,200 千円を回収し、代金は当座預金口座に振り込まれた。

　3．×3年3月31日に甲社より 2,200 千円を回収し、代金は当座預金口座に振り込まれた。

　4．×4年3月31日に甲社より 2,200 千円を回収し、代金は当座預金口座に振り込まれた。

問1　利息の配分方法を定額法によった場合の各期の以下の金額を答えなさい。
　　(1)　割賦売上　　　(2)　売上原価
　　(3)　受取利息　　　(4)　割賦売掛金
問2　利息の配分方法を利息法によった場合の各期の以下の金額を答えなさい。なお、利息法による場合の利子率は年 2％である。
　　(1)　割賦売上　　　(2)　売上原価
　　(3)　受取利息　　　(4)　割賦売掛金

■答案用紙→ p29　■解答解説→ p176

問題6　割賦販売 - 2　　　　　　　　　　　　　応用問題

次の資料にもとづいて、損益計算書を完成させなさい。割賦販売の金利部分については、定額法により受取利息に振り替える。

【資料1】決算整理前残高試算表

決算整理前残高試算表（一部）　　　　（単位：円）

割 賦 売 掛 金	320,000	貸 倒 引 当 金	10,000
繰 越 商 品	150,000	一 般 売 上	537,500
仕　　　　　入	800,000	割 賦 売 上	500,000
		受 取 利 息	18,000

【資料2】決算整理事項等

(1)　当期中に以下の割賦売掛金が貸し倒れたが未処理である。

①　当期販売分

当期に商品（原価40,000円、現金正価50,000円、割賦売価55,000円）を5回の分割払い契約で販売したものである。

期中に1回分11,000円を回収しその後、割賦売価44,000円（割賦売掛金勘定の金額40,000円）が貸し倒れたが、割賦代金の回収および貸倒れの処理が未処理である。戻り商品の評価額は10,000円である。

②　前期販売分

前期に商品（原価80,000円、現金正価100,000円、割賦売価110,000円）を5回の分割払い契約で販売したものである。

前期中に1回分22,000円を回収し当期首に割賦売価88,000円（割賦売掛金勘定の金額80,000円）が貸し倒れたが、貸倒れの処理が未処理である。戻り商品の評価額は15,000円である。

(2)　期末商品帳簿棚卸高は120,000円（戻り商品評価額を含まない）である。

棚卸減耗と商品の収益性の低下は生じていない。戻り商品は期末において未販売である。

(3)　割賦売掛金残高に対して4,180円の貸倒引当金繰入を計上する。

問題1 総記法 基本問題

■答案用紙→ p30 ■解答解説→ p178

次の資料にもとづき決算整理仕訳を示し、決算整理後残高試算表及び損益計算書を完成させなさい。

【資料1】決算整理前残高試算表

決算整理前残高試算表		（単位：円）
商　　　品		16,000

【資料2】決算整理事項等

(1)期首商品棚卸高は 8,000 円であり、期末商品棚卸高は 9,600 円である。なお、減耗等は発生していない。

(2)原価率は 80% であり、割戻、返品等は生じていない。

問題2　オプション取引　　　　　　　　　　　　　　基本問題

■答案用紙→ p30　■解答解説→ p180

次の資料にもとづき、当期末(×5年3月31日)の貸借対照表および損益計算書を作成しなさい。

決算整理前残高試算表

×5年3月31日　　　　　　　　　(単位：円)

買建オプション	200	

1.決算整理事項

(1)×5年3月1日に今後の国債相場の上昇を見込んで、国債100口を1口95円で取得できる権利(コール・オプション)を購入し、オプション料200円を現金で支払い、適切に処理している。

(2)×5年3月31日(決算日)におけるコール・オプションの時価は320円であった。

次の資料にもとづき、当期末(×5年3月31日)の貸借対照表および損益計算書を作成しなさい。

決算整理前残高試算表
×5年3月31日　　　　　　　　　　　　(単位：円)

現　　　　　金	30,000	
短 期 貸 付 金	16,000	

1. 決算整理事項

以下の貸付金の譲渡の処理が未処理である。

⑴当社は、A社に対する短期貸付金(簿価16,000円)をB社に20,000円で譲渡し、対価は現金で受け取った。

⑵貸付金の回収業務は当社が引き続き担当する。回収業務から得られる手数料の現在価値(回収サービス業務資産の時価)は 2,000 円である。
なお、回収サービス業務資産は未収収益として表示する。

⑶当社は、債権の価値が上がった場合などに債権を買い戻す権利(買戻権)を持つ。買戻権の時価は 4,000 円である。

⑷当社がA社に対する貸付金が回収不能になった場合に負担する遡及義務(リコース義務)の時価は 6,000 円である。

■答案用紙→ p31　■解答解説→ p183

問題4　有価証券の保有目的の変更　　　　応用問題

　当社の×8年3月期(×7年4月1日～×8年3月31日)にかかる下記の資料にもとづき、答案用紙の損益計算書および貸借対照表の一部を作成しなさい。

【資料】

1．決算整理前残高試算表(一部)

決算整理前残高試算表(一部)　　　　(単位：円)

仮　　払　　金	70,000	
売買目的有価証券	10,000	
その他有価証券	22,000	

2．当社は、正当な理由により以下の有価証券について保有目的を変更したが未処理である。その他有価証券の評価は全部純資産直入法による。

銘　柄	変　更　前	変　更　後	帳簿価額	変更時時価	当期末時価
A社株式	売買目的	その他	10,000	11,000	11,200
C社株式	その他	売買目的	7,000	7,500	7,700
D社株式	その他	支配目的	15,000	15,500	86,000

(1)当期にA社株式の保有目的を売買目的からその他に変更したが、未処理である。

(2)当期にC社株式の保有目的をその他から売買目的に変更したが、未処理である。

(3)当期にD社株式70,000円を追加取得し、D社は当社の子会社となったため保有目的を変更したが、追加取得価額を仮払金として処理したのみである。

Chapter 13 特殊論点2

問題1 | 事業分離（連結） | 応用問題

■答案用紙→ p32　■解答解説→ p185

P社は当期末（×1年3月31日）に乙事業をS社に移転した。次の問に答えなさい。

問1　個別上、事業分離によるP社のS社株式の取得原価と、S社の資本金増加額を答えなさい。

問2　連結上の処理に関する次の金額を答えるとともに、答案用紙の当期末の連結貸借対照表を作成しなさい。

(1)みなし投資額（S社の既存の事業時価に持分増加割合を掛けた額）

(2)既存事業に対する持分増加額

(3)のれんの額

(4)みなし移転事業額（乙事業の時価に持分減少割合を掛けた額）

(5)移転した事業に対する持分減少額

(6)資本剰余金増加額

1　事業分離により、P社はS社よりS社株式を受け取った。これによりP社は、S社の発行済株式総数の60%を取得することとなり、S社を子会社とした。

2　事業分離直前（×1年3月31日）の個別貸借対照表

P社貸借対照表
×1年3月31日　（単位：円）

乙事業資産	30,000	乙事業負債	12,000
その他諸資産	66,000	その他諸負債	18,000
		資本金	42,000
		利益剰余金	24,000
	96,000		96,000

S社貸借対照表
×1年3月31日　（単位：円）

諸資産	22,200	諸負債	10,800
		資本金	9,000
		利益剰余金	2,400
	22,200		22,200

3　S社では事業分離による払込資本を全額、資本金とする。

4　事業分離直前のS社貸借対照表における諸資産の時価は23,100円であった。

5　事業分離直前のS社の既存の事業の時価は12,600円であった。

6　S社に移転した乙事業の時価は18,900円であった。

64

■答案用紙→ p33　■解答解説→ p188

問題2　共同支配企業の形成　　　　　　　　　　　応用問題

　A社とB社は、×5年4月1日においてそれぞれa事業とb事業を事業分離し、共同新設分割により新設分割設立会社であるC社を設立した。この取引は共同支配企業の形成に該当する。次の問に答えなさい。

問1　共同支配投資企業（A社）の個別上の、C社株式の取得原価を答えなさい。

問2　共同支配投資企業（A社）の連結上の処理に関する次の金額を答えなさい。
(1)みなし移転事業額
　　（a事業全体の時価に持分減少割合を掛けた額）
(2)移転した事業に係る持分減少額
　　（a事業の簿価に持分減少割合を掛けた額）
(3)持分変動損益

【資料】
(1)新設分割に際し、C社は、A社に60株を発行し、B社に40株を発行した。
　　C社は増加資本を全額資本金とする。

(2)A社が移転したa事業
　　諸資産の簿価：30,000円　（時価：32,000円）
　　諸負債の簿価：12,000円　（時価は簿価と一致）
　　a事業全体の時価：24,000円

(3)B社が移転したb事業
　　諸資産の簿価：26,600円　（時価：27,600円）
　　諸負債の簿価：14,000円　（時価は簿価と一致）
　　b事業全体の時価：16,000円

次の資料にもとづき、当期末時点の(1)剰余金の金額(2)分配可能額を計算しなさい。

【資料】当期末の貸借対照表

貸 借 対 照 表

×8年12月31日　　　　　　　　　　（単位：千円）

諸　　資　　産	2,000,000	諸　　負　　債	700,000
		資　　本　　金	1,000,000
		資 本 準 備 金	150,000
		その他資本剰余金	40,000
		利 益 準 備 金	50,000
		その他利益剰余金	70,000
		自 己 株 式	△ 10,000
	2,000,000		2,000,000

■答案用紙→ p33　■解答解説→ p192

問題4　分配可能額 - 2　　　　　　　　　　**応用問題**

　次の資料にもとづき、以下の各場合の分配可能額を求めなさい。なお、前期末から分配時まで、株主資本等の変動はなかった。

【資料】

貸 借 対 照 表

×8年3月31日　　　　　　（単位：千円）

の れ ん	?	資 本 金	910,000
繰 延 資 産	?	資 本 準 備 金	87,500
		その他資本剰余金	78,750
		利 益 準 備 金	129,500
		任 意 積 立 金	105,000
		繰 越 利 益 剰 余 金	140,000

(1)のれんが2,275,000千円のとき

(2)のれんが1,400,000千円、繰延資産が525,000千円のとき

　次の資料にもとづいて第1四半期の四半期損益計算書（末尾）を作成しなさい。なお、当社では税金費用について簡便的な処理を採用している。

【資料】
(1)　第1四半期を含む年度の予想年間税引前当期純利益：10,000千円

(2)　年度で発生すると見積もられる永久差異：
　　　交際費2,000千円（損金不算入）

(3)　法人税法に規定する税額控除の見積額：600千円

(4)　法人税等の法定実効税率：40%

(5)　第1四半期の税引前四半期純利益：2,000千円

問題6　四半期財務諸表（有価証券の減損処理）　　応用問題

■答案用紙→ p34　■解答解説→ p195

　以下の資料にもとづいて、当社の第3四半期会計期間末におけるその他有価証券の減損処理について、切放法または洗替法を採用している場合の以下の財務諸表をそれぞれ作成しなさい。税効果会計は無視する。

(1)　第3四半期損益計算書（×7年10月1日～×7年12月31日）

(2)　年度末損益計算書、年度末貸借対照表（×7年4月1日～×8年3月31日）

　なお、金額がゼロとなる場合には「0」、金額がマイナスとなる場合には金額の前に「△」を付けること。

【資料】
(1)　当社は第3四半期にA社株式（その他有価証券）を1,000円で取得した。

(2)　第3四半期末におけるA社株式の時価は400円であり、取得原価より著しく下落（50%以上）し、第3四半期末において時価の回復可能性は不明であった。当社は全部純資産直入法を採用している。

(3)　年度末におけるA社株式の時価は550円であった。

　P社はS社の発行済株式総数のすべてを取得しS社を支配しており、連結財務諸表を作成している。以下の資料にもとづき、当期のセグメント情報を作成しなさい。

　なお、金額がマイナスとなる場合には金額の前に「△」を付けること。

(1)　各社の事業の内容

	報告セグメント	セグメントの内容
P社	自動車	自動車の製造と、自動車の販売
	自動車部品	エンジンなど自動車の動力に係る部品の製造
S社	自動車部品	ボンネットなど自動車の車体に係る部品の製造

　①P社とS社の自動車部品事業部は、部品の製造原価に一定の利益を付けてP社の自動車事業部に販売するとともに、他の自動車メーカーにも販売している。

　②P社の自動車事業部は、自動車部品をもとに自動車を製造し、販売している。

(2)　各社の財務諸表　　　　　　　　　　　　　（単位：千円）

	P社		S社
	自動車	自動車部品	自動車部品
売　上　高	10,000	4,000	2,000
⋮	⋮	⋮	⋮
減 価 償 却 費	800	260	340
の れ ん 償 却 額	400	140	60
⋮	⋮	⋮	⋮
受 取 利 息	160	100	40
支 払 利 息	100	20	60
特 別 利 益	1,000	400	200
特 別 損 失	200	280	120
セグメント利益	3,000	1,200	600
セグメント資産	8,000	3,000	2,000
セグメント負債	2,200	1,200	400

①自動車部品事業部の売上高の内訳

　　P社の自動車部品事業部

　　　自動車事業部への売上：2,400千円、他のメーカーへの売上：1,600千円

　　S社の自動車部品事業部

　　　自動車事業部への売上：1,200千円、他のメーカーへの売上：800千円

　　なお、P社の自動車事業部が期末に保有する自動車部品には未実現利益
1,080千円が含まれているため、セグメント資産およびセグメント利益を調整
する。

②自動車事業部の売上高は、すべて企業集団外部への売上高である。

■答案用紙→ p36　　■解答解説→ p201

以下の資料にもとづき、×7年3月末の当社の財務諸表を作成するとともに、賃貸等不動産に関する注記を行いなさい。

【資料】

　当社では、東京都において以下の賃貸用のオフィスビル(投資不動産)を有している。

　前期の期首に取得したオフィスビル甲

　　取得原価：80,000千円　期首減価償却累計額：2,000千円

(1)　当期首に賃貸用のオフィスビル乙を80,000千円で取得し、代金は当座預金口座より支払った。

(2)　当社が保有するオフィスビル甲、乙を他社に賃貸し、賃貸料11,000千円が当座預金口座に振り込まれた。

　　また、オフィスビル甲の修繕費2,000千円を当座預金口座より支払った。なお、修繕費は賃貸原価として計上すること。

(3)①　決算時にオフィスビル甲、乙について、定額法、耐用年数40年、残存価額ゼロ、間接法により減価償却を行う。なお、減価償却費は賃貸原価として計上すること。

　　②　「不動産鑑定評価基準」にもとづいて自社で算定した×7年3月末の賃貸用のオフィスビルの時価は、次のとおりである。

　　　オフィスビル甲：74,000千円　オフィスビル乙：82,000千円

········ *Memorandum Sheet* ········

次の資料にもとづき、A社(当社)の決算整理後残高試算表を、以下の問1と問2の場合に分けてそれぞれ作成しなさい。なお、金額がゼロとなる場合には「0」と記入すること。また、勘定科目は以下の科目を使用すること。

　　現金預金　　土地建物　　賃貸収入　　賃貸原価　　固定資産売却益
　　受取配当金　借入金　　支払利息　　有価証券

【資料】
　A社は、不動産の流動化のため、当期首に特別目的会社(SPC)であるS社を設立し、当社の保有する土地建物 10,000 千円を 15,000 千円で売却している。S社は社債および優先出資証券を発行し、投資家およびA社が引き受けている。

　その後、S社は物件の管理を賃貸ビル管理業者B社に委託し、毎年賃貸収入および賃貸原価が発生している。また、S社は毎年社債利息および優先出資証券の配当金を支払っている。

決算整理前残高試算表(一部)　　　(単位：千円)

| 現 金 預 金 | 200,000 | |
| 土 地 建 物 | 10,000 | |

問1

　A社が優先出資証券 750 千円を引き受けている場合。なお、S社は普通社債を 14,250 千円発行し、物件の賃貸収入として 900 千円を受け取るとともに、賃貸原価として 400 千円支出している。

　また、S社は社債利息として 280 千円、優先出資証券の配当金として 220 千円支出している。

　不動産の譲渡価額に対する当社の負担割合が 5％であり、リスクと経済価値のほとんどすべてが移転したと判断されるため、売却取引として処理する。

問2

　A社が優先出資証券 4,500 千円を引き受けている場合。なお、S社は普通社債を 10,500 千円発行し、物件の賃貸収入として 900 千円を受け取るとともに、賃貸原価として 400 千円支出している。

　また、S社は社債利息として 210 千円、優先出資証券の配当金として 290 千円支出している。

　不動産の譲渡価額に対する当社の負担割合が 30％で 5％を大きく上回り、リスクと経済価値のほとんどすべてが移転したと判断されないため、金融取引として処理する。

　概念フレームワークに関する次の文章の空欄に入る最も適切な語句を答えなさい。

　1．財務報告の目的

⑴　企業の将来を予測するうえで、企業の現状に関する情報は不可欠であるが、その情報を入手する機会について、投資家と経営者の間には一般に大きな格差がある。

　このような状況のもとで、情報開示が不十分にしか行われないと、企業の発行する株式や社債の価値を推定する際に投資家が自己責任を負うことはできず、それらの証券の円滑な発行・流通が妨げられることにもなる。

　そうした情報の非対称性を緩和し、それが生み出す市場の機能障害を解決するため、経営者による私的情報の開示を促進するのが（　ア　）制度の存在意義である。

⑵　投資家は不確実な将来キャッシュ・フローへの期待のもとに、自らの意思で自己の資金を企業に投下する。その不確実な成果を予測して意思決定する際、投資家は企業が資金をどのように投資し、実際にどれだけの成果をあげているかについての情報を必要としている。経営者に開示が求められるのは、基本的にこうした情報である。

　財務報告の目的は、投資家の意思決定に資する（　ア　）制度の一環として、（　イ　）とその（　ウ　）を測定して開示することである。

　2．財務諸表の構成要素

　概念フレームワークでは、（　イ　）と（　ウ　）を表すため、貸借対照表および損益計算書に関する各構成要素を定義している。

　資産

　資産とは、過去の取引または事象の結果として、報告主体が（　エ　）している（　オ　）をいう。

解答解説編

解答1　セール・アンド・リースバック　問題→ p2

（単位：円）

貸 借 対 照 表		損 益 計 算 書	
Ⅱ　固 定 資 産		Ⅲ　販売費及び一般管理費	
1 有形固定資産		減 価 償 却 費　（ *10,000*）	
リ ー ス 資 産　（ *36,000*）		⋮　　　　　⋮	
減価償却累計額　（ *9,000*）		Ⅴ　営 業 外 費 用	
3 投資その他の資産		支 払 利 息　（ *1,440*）	
長 期 前 払 費 用　（ *3,000*）			
⋮　　　　　⋮			
Ⅰ　流 動 負 債			
リ ー ス 債 務　（ *8,820*）			
Ⅱ　固 定 負 債			
リ ー ス 債 務　（ *18,700*）			

解説1

(1)備品の売却

（借）備品減価償却累計額	10,000	（貸）備　　　　　品	50,000
当 座 預 金	36,000		
長 期 前 払 費 用	4,000*		

　＊ 36,000 円 −（50,000 円 − 10,000 円）＝△ 4,000 円

(2)リースバック時

（借）リ ー ス 資 産	36,000*	（貸）リ ー ス 債 務	36,000

　＊ 売却価額

(3)リース料支払い時

（借）リ ー ス 債 務	8,480*²	（貸）当 座 預 金	9,920
支 払 利 息	1,440*¹		

　＊1　36,000 円 × 4 ％ ＝ 1,440 円

　＊2　9,920 円 − 1,440 円 ＝ 8,480 円

(4)決算時

(借)減 価 償 却 費	9,000*1	(貸) リース資産減価償却累計額	9,000
(借)減 価 償 却 費	1,000*2	(貸) 長 期 前 払 費 用	1,000

＊1　36,000 円 ÷ 4 年 = 9,000 円

＊2　4,000 円 ÷ 4 年 = 1,000 円

なお、リースバックに係る長期前払費用は純粋な経過勘定ではないため、1 年基準を適用せずに、まとめて投資その他の資産の区分に表示します。

(5)リース債務の分類

リース債務残高：36,000 円 − 8,480 円 = 27,520 円

翌期支払利息：27,520 円 × 4 % = 1,100.8 → 1,100 円

翌期返済分：9,920 円 − 1,100 円 = 8,820 円(流動負債)

翌々期以降返済分：27,520 円 − 8,820 円 = 18,700 円(固定負債)

解答2　　リース契約の中途解約　　問　題→ p3

(単位：円)

損 益 計 算 書

Ⅲ　販売費及び一般管理費

　減 価 償 却 費　　　　（　　9,000　）

　　　　⋮　　　　　　　　　　⋮

Ⅴ　営 業 外 費 用

　支 払 利 息　　　　（　　748　）

　　　　⋮　　　　　　　　　　⋮

Ⅶ　特 別 損 失

　リース債務解約損　　　（　10,472　）

　リース資産除却損　　　（　9,000　）

⑴リース料の支払い

(借)リース債務	9,172*2	(貸)当座預金	9,920
支払利息	748*1		

＊1 18,700円 × 4 % = 748円

＊2 9,920円 - 748円 = 9,172円

リース債務残高：18,700円 - 9,172円 = 9,528円

⑵違約金の支払い

(借)リース債務	9,528	(貸)当座預金	20,000
リース債務解約損	10,472*		

＊ 20,000円 - 9,528円 = 10,472円

⑶減価償却およびリース資産の返還

(借)減価償却費	9,000*1	(貸)リース資産減価償却累計額	9,000
(借)リース資産減価償却累計額	27,000*2	(貸)リース資産	36,000
リース資産除却損	9,000*3		

＊1 36,000円 ÷ 4年 = 9,000円

＊2 18,000円 + 9,000円 = 27,000円

＊3 36,000円 - 27,000円 = 9,000円

解答3　リース料の前払い　　　　　問 題→p4

（単位：円）

貸 借 対 照 表　　　　　　　損 益 計 算 書

Ⅱ　固 定 資 産　　　　　　Ⅲ　販売費及び一般管理費
　1 有形固定資産　　　　　　　減 価 償 却 費　（ *18,500* ）
　　リ ー ス 資 産　（ *74,000* ）　　　　⋮　　　　　⋮
　　減価償却累計額　（ *18,500* ）　Ⅴ　営 業 外 費 用
　　　　⋮　　　　⋮　　　　　支 払 利 息　（ *2,700* ）
Ⅰ　流 動 負 債
　　リ ー ス 債 務　（ *17,300* ）
　　未 払 費 用　（ *2,700* ）
Ⅱ　固 定 負 債
　　リ ー ス 債 務　（ *36,700* ）

解説3

(1)リース料の支払い

| （借）リ ー ス 債 務 | 20,000 | （貸）当 座 預 金 | 20,000 |

　　リース債務残高：74,000 円 − 20,000 円 = 54,000 円

(2)決算時

　①利息の見越し計上

| （借）支 払 利 息 | 2,700* | （貸）未 払 利 息 | 2,700 |

　　＊ 54,000 円 × 5 ％ = 2,700 円

　②減価償却

| （借）減 価 償 却 費 | 18,500* | （貸）リース資産減価償却累計額 | 18,500 |

　　＊ 74,000 円 ÷ 4 年 = 18,500 円

(3)リース債務の分類

　リース債務残高：54,000円

　翌期支払利息：2,700円

　翌期返済分：20,000円 − 2,700円 = 17,300円（流動負債）

　翌々期以降返済分：54,000円 − 17,300円 = 36,700円（固定負債）

（単位：円）

貸 借 対 照 表			損 益 計 算 書		
Ⅰ　流 動 資 産			Ⅳ　営業外収益		
有 価 証 券	（	*2,300*）	有価証券評価益	（	*300*）
未 収 金	（	*1,300*）	有価証券売却益	（	*300*）
Ⅰ　流 動 負 債					
未 払 金	（	*1,000*）			

解説1

(1)A社株式

（借）売買目的有価証券	100*	（貸）有価証券評価損益	100

＊　1,100 円 – 1,000 円 = 100 円

(2)B社株式

①取得

約定日基準による場合、購入の契約締結日に有価証券の発生の認識をします。

（借）売買目的有価証券	1,000	（貸）未　払　金	1,000

②決算時

（借）売買目的有価証券	200*	（貸）有価証券評価損益	200

＊　1,200 円 – 1,000 円 = 200 円

(3)C社株式

約定日基準による場合、売却の契約締結日に有価証券の消滅の認識をします。

（借）未　収　金	1,300	（貸）売買目的有価証券	1,000
		有価証券売却益	300

解答2　有価証券の計上時点 - *2*　　　　問　題→ p6

（単位：円）

貸 借 対 照 表　　　　　　　　損 益 計 算 書

Ⅰ　流 動 資 産	Ⅳ　営業外収益
有 価 証 券　（　*2,600*）	有価証券評価益　（　300）
	有価証券売却益　（　*300*）

解説2

(1)A社株式

（借）売買目的有価証券	100*	（貸）有価証券評価損益	100

＊　1,100 円 - 1,000 円 = 100 円

(2)B社株式

修正受渡日基準による場合、契約日に有価証券の発生の認識をせず、契約日から決算時までの時価の変動のみ認識します。

（借）売買目的有価証券	200*	（貸）有価証券評価損益	200

＊　1,200 円 - 1,000 円 = 200 円

(3)C社株式

修正受渡日基準による場合、契約日に有価証券の消滅の認識をせず、売却損益のみ認識します。

（借）売買目的有価証券	300*	（貸）有価証券売却益	300

＊　1,300 円 - 1,000 円 = 300 円

（単位：円）

貸　借　対　照　表	損　益　計　算　書
Ⅱ　固定資産	Ⅳ　営業外収益
3 投資その他の資産	有 価 証 券 利 息　　（　*2,910*）
投 資 有 価 証 券　（　*60,720*）	為　替　差　益　　（　*5,460*）

解説3

(1)償却原価法

（借）満期保有目的債券	1,260*	（貸）有 価 証 券 利 息	1,260

* 利 息 配 分 額：540 ドル× 5 ％= 27 ドル

利 札 受 取 額：600 ドル× 2.5%= 15 ドル

外貨建償却額：27 ドル− 15 ドル= 12 ドル

円 建 償 却 額：12 ドル× 105 円= 1,260 円

(2)決算時レートへの換算

（借）満期保有目的債券	5,460*	（貸）為　替　差　損　益	5,460

* （540 ドル+ 12 ドル）× 110 円−（54,000 円+ 1,260 円）= 5,460 円

問　題→ p8

解答1　為替予約 - 独立処理

（単位：円）

		借方科目	金　額	貸方科目	金　額
(1)	ヘッジ対象	売　掛　金	23,600	売　　　上	23,600
	ヘッジ手段	仕訳なし			
(2)	ヘッジ対象	仕訳なし			
	ヘッジ手段	仕訳なし			
(3)	ヘッジ対象	売　掛　金	800	為替差損益	800
	ヘッジ手段	為替差損益	200	為替予約	200
(4)	ヘッジ対象	仕訳なし			
	ヘッジ手段	為替予約	200	為替差損益	200
(5)	ヘッジ対象	現　　　金	25,000	売　掛　金 為替差損益	24,400 600
	ヘッジ手段	為替差損益	400	現　　　金	400

(5)のヘッジ手段の仕訳は、以下でも可。

　　（借）　為替差損益　　400　　（貸）　為替予約　　400
　　（借）　為替予約　　400　　（貸）　現　　　金　　400

独立処理は、為替予約取引(ヘッジ手段)と外貨建取引や外貨建債権債務(ヘッジ対象)とを分けて独立に行う処理方法です。

(1)取引発生時

①ヘッジ対象

取引日の為替レートで換算します。

②ヘッジ手段

まだ為替予約を行っていないので、この時点では「仕訳なし」となります。

(2)為替予約時

①ヘッジ対象

換算替えは決算時に行うので、この時点では「仕訳なし」となります。

②ヘッジ手段

為替予約を行っただけので、「仕訳なし」となります。

(3)決算時

①ヘッジ対象

取引発生時の為替レートから決算時の為替レートに換算替えします。

②ヘッジ手段

123円/ドルで為替予約を行ったが、決算時の予約レートが124円/ドルとなっているため、為替差損を計上します。

(@123円－@124円)×200ドル＝△200円

(4)翌期首

決算時に計上した為替予約差額を振り戻します。

(5)決済時

①ヘッジ対象

決算時の為替レートで決済します。

②ヘッジ手段

決済時点において、為替レート(＝予約レート)が125円/ドルとなっているため、為替差損を計上します。

(@123円－@125円)×200ドル＝△400円

解答2　為替予約－予定取引　　　　　　　問　題→ p9

貸 借 対 照 表　（単位：円）

Ⅰ　流 動 資 産

　　為 替 予 約　　（　　*100*　）

　　　　　⋮　　　　　　　⋮

Ⅱ　固 定 負 債

　　繰 延 税 金 負 債　（　　*40*　）

　　　　　⋮　　　　　　　⋮

Ⅱ　評価・換算差額等

　　繰 延 ヘ ッ ジ 損 益　（　　*60*　）

解説2

(1)予定取引

　振当処理の場合、振り当てる未払金がまだ発生していないため、為替予約差額を未払金に振り当てることはできません。

　そこで、為替予約の効果を財務諸表に反映させるために、為替予約を時価評価し、評価差額を繰り延べます。なお、税効果会計を適用する場合、その他有価証券評価差額金と同様に、税金相当額を引いた額を繰延ヘッジ損益とします。

| (借)為 替 予 約 | 100*1 | (貸)繰 延 税 金 負 債 | 40*2 |
| | | 繰 延 ヘ ッ ジ 損 益 | 60*3 |

*1　(@105円 － @104円) × 100ドル = 100円
　　　　決算時　　　予約レート
*2　100円 × 40% = 40円
*3　100円 － 40円 = 60円

解答1　　固定資産の取得原価　　　　　　　　　　問　題→ p10

（単位：円）

貸 借 対 照 表			損 益 計 算 書		
Ⅱ　固 定 資 産			Ⅲ　販売費及び一般管理費		
1 有形固定資産			減 価 償 却 費	（	*1,500* ）
建　　　　　物	（	*39,000* ）			
減価償却累計額	（	*21,100* ）	Ⅵ　特 別 利 益		
備　　　　　品	（	*1,000* ）	固定資産受贈益	（	*1,000* ）
減価償却累計額	（	*400* ）	固定資産売却益	（	*2,000* ）
土　　　　　地	（	*12,000* ）			

解説1

(1)　建物

　①既存分

（借）減 価 償 却 費	1,000*	（貸）建物減価償却累計額	1,000

　＊　30,000 円 ÷ 30 年 = 1,000 円

　②新規取得分

　イ建物勘定への振替え

（借）建　　　　　物	9,000	（貸）建 設 仮 勘 定	9,000

　ロ減価償却

　　減価償却は、売上との費用収益対応の原則により、事業の用に供した日から減価償却を行います。

（借）減 価 償 却 費	100*	（貸）建物減価償却累計額	100

　＊　$9,000 円 ÷ 30 年 × \dfrac{4 \, カ月}{12 \, カ月} = 100 円$

(2)備品

　イ贈与を受けて取得したときは、贈与時の公正な評価額を取得原価とします。

（借）備　　　　　品	1,000	（貸）固定資産受贈益	1,000

□減価償却

| (借)減 価 償 却 費 | 400* | (貸)備品減価償却累計額 | 400 |

＊　償却率：1 ÷ 5 年× 200％ = 0.4

1,000 円× 0.4 = 400 円＞ 1,000 円× 0.10800 = 108 円　∴ 400 円

(3)土地

同種・同用途でない固定資産の交換では投資の継続性が認められないため、いったん時価で清算し、その代金で新たな資産を取得したと考えます。

| (借)土　　　　地 | 12,000*1 | (貸)土　　　　地 | 10,000*2 |
| | | 固定資産売却益 | 2,000*3 |

＊1　交換に供された土地Aの時価

＊2　交換に供された土地Aの簿価

＊3　12,000 円 - 10,000 円 = 2,000 円

解答2　資本的支出と収益的支出　　　問　題→ p11

（単位：円）

貸 借 対 照 表		損 益 計 算 書	
Ⅱ　固 定 資 産		Ⅲ　販売費及び一般管理費	
1 有形固定資産		減 価 償 却 費	(17,000)
建　　　　物	(630,000)	修　繕　費	(160,000)
減価償却累計額	(137,000)		

解説2

改良は、固定資産の価値を高めるため、**資本的支出**として固定資産の取得原価に算入します。ただし修繕は、固定資産の本来の機能を取り戻すためなので、**収益的支出**として支出した期の費用とします。

(1)資本的支出の計算

耐用年数延長分（10 年）を資本的支出とします。

$$90,000 円× \frac{10 年}{30 年} = 30,000 円$$

(2)減価償却費の計算

　①既存部分の減価償却費

$$600,000\,円 \times \frac{5\,年}{25\,年} = 120,000\,円（既存部分の減価償却累計額）$$

$$(600,000\,円 - 120,000\,円) \times \frac{1\,年}{30\,年} = 16,000\,円$$

　②資本的支出部分の減価償却費

$$30,000\,円 \times \frac{1\,年}{30\,年} = 1,000\,円$$

　③当期の減価償却費

$$16,000\,円 + 1,000\,円 = \mathbf{17,000}\,円$$

(3)仕訳

　①修繕

（借）修　繕　費	100,000	（貸）現　　　　金	100,000

　②改修

（借）建　　　　物	30,000	（貸）現　　　　金	90,000
修　繕　費	60,000		

　②減価償却費

（借）減 価 償 却 費	17,000	（貸）建物減価償却累計額	17,000

解答3　　　総合償却　　　　　　　　　　　　問　題→p12

減 価 償 却 費 ｜ *2,500* ｜ 円

解説3

　総合償却とは、一定の基準によってグルーピングした有形固定資産について一括して減価償却を行う方法です。減価償却費を計算するにあたっては、平均耐用年数を用います。

$$平均耐用年数 ＝ \frac{要償却額の合計}{定額法^*の年償却額の合計}$$

$$減価償却費 ＝（取得原価合計－残存価額合計）÷ 平均耐用年数$$

＊　平均耐用年数を算定する段階では、年償却額は定額法によります。

　　なお、平均耐用年数が割り切れない場合には、通常端数を切り捨てます。

(1)平均耐用年数の計算

	要 償 却 額	年 償 却 額
A 機 械	9,000 円	9,000 円 ÷ 10 年 ＝ 　 900 円
B 機 械	8,000 円	8,000 円 ÷ 8 年 ＝ 1,000 円
C 機 械	3,000 円	3,000 円 ÷ 6 年 ＝ 　 500 円
合計：	20,000 円	合計： 2,400 円

$$平均耐用年数：\frac{20,000 円}{2,400 円} ＝ 8.333\cdots → 8 年$$

(2)減価償却費

20,000 円 ÷ 8 年 ＝ 2,500 円

（借）減 価 償 却 費	2,500	（貸）機械減価償却累計額	2,500

解答 1　繰延資産 問　題→ p13

貸 借 対 照 表		
III　繰延資産		
株 式 交 付 費	（	*72,000*）
社 債 発 行 費	（	*46,500*）

損 益 計 算 書		
V　営業外費用		
株式交付費償却	（	*48,000*）
社債発行費償却	（	*1,500*）

解説 1

(1)株式交付費

　3年で償却します。すでに6カ月分を償却済みです。

$$120,000 \text{円} \times \frac{12 \text{カ月}}{36 \text{カ月} - 6 \text{カ月}} = 48,000 \text{円}$$

⑵社債発行費

償却期限内の 8 年で償却します。

$$48{,}000 \,円 \times \frac{3 \,カ月}{96 \,カ月} = 1{,}500 \,円$$

ここをおさえて！　　~繰延資産の処理のまとめ~

	原則	容認処理			P／L表示
		容認	償却方法	償却期間	
創　立　費	支出時に費用処理	繰延資産	定額法	5年	営業外費用
開　業　費					
開　発　費					売上原価または販売費及び一般管理費
株式交付費				3年	営業外費用
社債発行費（ 社 債 ）			原則：利息法容認：定額法	償　還期間内	
社債発行費（新株予約権）			定額法	3年	

解答1　連結上の退職給付会計 - 1　問　題→ p14

退 職 給 付 費 用	*732*	円
退 職 給 付 引 当 金	*3,132*	円
退職給付に係る負債	*3,192*	円
退職給付に係る調整額	*△60*	円

解説1

退職給付費用　　　　：　660 円 + 180 円 − 108 円 = 732 円

退職給付引当金　　　：　6,000 円 − 3,600 円 + 732 円 = 3,132 円

連結修正仕訳

①退職給付引当金を退職給付に係る負債へ振り替える

（借）退 職 給 付 引 当 金	3,132	（貸）退 職 給 付 に 係 る 負 債	3,132

②未認識分の差異を退職給付に係る負債として計上

（借）退職給付に係る調整額	60	（貸）退 職 給 付 に 係 る 負 債	60

退職給付に係る負債　：　3,132 円 + 60 円 = 3,192 円

退職給付に係る調整額　：　△60 円

解答2　　　連結上の退職給付会計 - 2　　　　問　題→ p15

退 職 給 付 費 用	*580*	円
退 職 給 付 引 当 金	*2,080*	円
退職給付に係る負債	*2,140*	円
退職給付に係る調整額	*△36*	円

解説2

過去勤務費用の個別財務諸表における認識額

70 円 ÷ 7 年 = 10 円

未認識過去勤務費用

70 円 − 10 円 = 60 円

退職給付費用　　　　　：　500 円 + 150 円 − 80 円 + 10 円 = 580 円

退職給付引当金　　　　：　$4,500$ 円 − $3,000$ 円 + 580 円 = $2,080$ 円

連結修正仕訳

①退職給付引当金を退職給付に係る負債へ振り替える

(借) 退 職 給 付 引 当 金	2,080	(貸) 退職給付に係る負債	2,080

②未認識分の差異を退職給付に係る負債として計上

(借) 退職給付に係る調整額	60	(貸) 退職給付に係る負債	60

③税効果会計の適用

(借) 繰 延 税 金 資 産	24*	(貸) 退職給付に係る調整額	24

　* 60 円 × 40% = 24 円

退職給付に係る負債　　：　$2,080$ 円 + 60 円 = $2,140$ 円

退職給付に係る調整額　：　$△60$ 円 + 24 円 = $△36$ 円

連結損益計算書 　　　　　　（単位：円）

退職給付費用	（ **2,000** ）	法人税等調整額 （ **800** ）

連結貸借対照表 　　　　　　（単位：円）

繰延税金資産	（ **4,560** ）	退職給付に係る負債 （ **11,400** ）
		退職給付に係る調整累計額 （ △**840** ）

解説3

1. 退職給付引当金の振替え

（借）退職給付引当金	10,000	（貸）退職給付に係る負債	10,000

2. 数理計算上の差異

（1）前期の引継ぎの仕訳

　　　前期の連結修正仕訳は個別財務諸表に反映されていないため、前期に計上した数理計算上の差異の開始仕訳を行います。

（借）退職給付に係る調整額当期首残高	1,000	（貸）退職給付に係る負債	1,000
（借）繰延税金資産	400*	（貸）退職給付に係る調整額当期首残高	400

* 1,000 円 × 40% = 400 円

（2）当期の償却の仕訳

　　　数理計算上の差異の償却額について、発生時と貸借逆の仕訳を行うことにより、退職給付に係る調整額を減少させます。

（借）退職給付に係る負債	100	（貸）退職給付に係る調整額[*2]	100
（借）退職給付に係る調整額[*2]	40[*1]	（貸）繰延税金資産	40

*1　100 円 × 40% = 40 円

*2　「退職給付に係る調整累計額当期変動額」としても大丈夫です。

(3) 当期の発生の仕訳

(借)退職給付に係る調整額	500	(貸)退職給付に係る負債	500
(借)繰 延 税 金 資 産	200*	(貸)退職給付に係る調整額	200

* 500 円 × 40% = 200 円

退職給付に係る負債：10,000 円 + 1,000 円 − 100 円 + 500 円 = 11,400 円

退職給付に係る調整累計額：

(1,000 円 − 400 円) − (100 円 − 40 円) + (500 円 − 200 円) = 840 円

退職給付に係る調整累計額は借方残高であり純資産の減少となるため、金額の前に「△」を付けます。

繰延税金資産：4,000 円 + 400 円 − 40 円 + 200 円 = 4,560 円

問1　税効果会計を適用しない場合

連結損益計算書	
投資有価証券売却益	（　*500*）
：	：
当期純利益	11,000

連結包括利益計算書	
当期純利益	11,000
その他の包括利益	
その他有価証券評価差額金	（　△*200*）
包括利益	（　*10,800*）

注記

その他有価証券評価差額金

当期発生額	（　*300*）
組替調整額	（　△*500*）
その他の包括利益合計	（　△*200*）

問2　税効果会計を適用する場合

連結損益計算書	
投資有価証券売却益	（　*500*）
：	：
当期純利益	11,000

連結包括利益計算書	
当期純利益	11,000
その他の包括利益	
その他有価証券評価差額金	（　△*120*）
包括利益	（　*10,880*）

注記

その他有価証券評価差額金

当期発生額	（　*300*）
組替調整額	（　△*500*）
税効果調整前	（　△*200*）
税効果額	（　*80*）
その他の包括利益合計	（　△*120*）

解説4

問1　税効果会計を適用しない場合

　当期および過去の期間にその他の包括利益に含まれていた部分を、当期純利益に移し替えることを組替調整(リサイクリング)といいます。

　組替調整額は、その他の包括利益の内訳項目にかかる増減要因であり、その他の包括利益の内訳項目ごとに注記する必要があります。

⑴組替調整額の理解のためのイメージ上の仕訳

　　組替調整額の理解のためのイメージ上の仕訳としては、②期首の振戻仕訳をせず、③売却時に時価に評価替えしてから売却すると考えます。これは、その他の包括利益の増減を、注記上、前期分と当期分で分けて把握するためのものであり、会計処理としての洗替法とは別のものです。

①×１年度末

(借)そ の 他 有 価 証 券	200*	(貸)その他有価証券評価差額金	200

＊　1,200 円 − 1,000 円 = 200 円

②×２年度期首

仕　訳　な　し

③売却時

イ 時価評価(当期発生)

(借)そ の 他 有 価 証 券	300*	(貸)その他有価証券評価差額金	300

＊　1,500 円 − 1,200 円 = 300 円

ロ 売却

(借)現　金　預　金	1,500	(貸)そ の 他 有 価 証 券	1,500

ハ 組替調整

(借)その他有価証券評価差額金	500	(貸)投資有価証券売却益	500

連結包括利益計算書

　その他有価証券評価差額金：0円(当期末) − 200円(前期末) = △200円(当期増減額)

問2　税効果会計を適用する場合

　注記は当期発生額と組替調整額を税効果調整前の金額で記載し、税効果額を控除する形式で記載するため、税効果を適用する場合でも、上記問1と同様の仕訳をイメージします。

　　　当期発生額：300円　組替調整額：△500円

　　　税効果調整前：△200円

　　　税効果額：200円×40％＝80円

　　　その他の包括利益：△200円＋80円＝△120円

解答5　　　子会社株式の追加取得 - 1　　　問　題→ p18

（単位：円）

借 方 科 目	金　　額	貸 方 科 目	金　　額
非支配株主持分当期変動額	40,750	S　社　株　式	45,000
資本剰余金当期変動額	4,250		

解説5

子会社株式の追加取得の処理を確認してください。

(1)子会社（S社）資産の評価替え

(借)諸　　資　　産	12,500	(貸)評　価　差　額	12,500*1

* 1　62,500 円 − 50,000 円 = 12,500 円

(2)開始仕訳

(借)資本金当期首残高	300,000	(貸)S　社　株　式	325,000
利益剰余金当期首残高	75,000	非支配株主持分当期首残高	77,500*2
評　価　差　額	12,500*1		
の　　れ　　ん	15,000*3		

* 2　(300,000 円 + 75,000 円 + 12,500 円) × 20% = 77,500 円

* 3　貸借差額

(3)のれんの償却

(借)の れ ん 償 却 額	750*4	(貸)の　　れ　　ん	750

* 4　15,000 円 ÷ 20 年 = 750 円

(4)当期純利益の振替え

(借)非支配株主に帰属する当期純利益	4,000*5	(貸)非支配株主持分当期変動額	4,000

* 5　20,000 円 × 20% = 4,000 円

(5)子会社株式の追加取得

　子会社株式の追加取得は親会社と非支配株主との資本取引と考え、投資と資本の相殺消去によって生じる貸借差額は、資本剰余金(当期変動額)として処理します。

(借)非支配株主持分当期変動額	40,750*6	(貸)S　社　株　式	45,000
資本剰余金当期変動額	4,250*7		

* 6　(300,000 円 + 95,000 円 + 12,500 円) × 10% = 40,750 円

* 7　40,750 円 − 45,000 円 = △ 4,250 円(借方)

（単位：円）

借　方　科　目	金　　　額	貸　方　科　目	金　　　額
支　払　手　数　料	*500*	S　社　株　式	*500*
非支配株主持分当期変動額	*10,000*	S　社　株　式	*11,000*
資本剰余金当期変動額	*1,000*		

解説6

1. タイムテーブル

	×1. 3. 31		×2. 3. 31
	60%		+10%
資　本　金	50,000		50,000
利 益 剰 余 金	25,000	→⊕8,000→	45,000
評 価 差 額	5,000		5,000
合　　計	80,000		100,000 ⌐×10%
P 社 持 分	48,000		10,000 − 11,000 = △1,000
S 社 株 式	51,000		持分増加額　取得原価
の　れ　ん	3,000	△150	2,850 （資本剰余金）

2. 支配獲得時の取得関連費用

　子会社株式の取得関連費用は、個別上は取得のための付随費用として子会社株式の取得原価に含めます。一方、連結上は、支払手数料などを用いて費用処理します。そのため、連結修正仕訳が必要となります。

（借）利益剰余金当期首残高 *　　　　　600	（貸）S　社　株　式　　600
支払手数料	

＊ 前期の費用であるため、利益剰余金当期首残高となります。

3. 子会社の資産・負債の時価評価

(借)土	地	5,000	(貸)評	価	差	額	5,000

4. 開始仕訳

(借)資本金当期首残高	50,000	(貸)S 社 株 式	51,000
利益剰余金当期首残高	25,000	非支配株主持分当期首残高	32,000*2
評 価 差 額	5,000		
の れ ん	3,000*1		

* 1　$(51,600 円 - 600 円) - (50,000 円 + 25,000 円 + 5,000 円) \times 60\% = 3,000$ 円

* 2　$(50,000 円 + 25,000 円 + 5,000 円) \times 40\% = 32,000$ 円

5. 当期純利益の振替え

(借)非支配株主に帰属する当期純利益	8,000*	(貸)非支配株主持分当期変動額	8,000

*　$20,000 円 \times 40\% = 8,000$ 円

6. のれんの償却

(借)の れ ん 償 却 額	150*	(貸)の れ ん	150

*　$3,000 円 \div 20 年 = 150$ 円

7. 子会社株式の追加取得

(1)取得関連費用

支配獲得時と同様に、取得関連費用を費用処理します。

(借)支 払 手 数 料	500	(貸)S 社 株 式	500

(2)追加取得

取得関連費用を除いた子会社株式の取得原価と非支配株主持分減少額との差額を資本剰余金とします。

(借)非支配株主持分当期変動額	10,000*1	(貸)S 社 株 式	11,000
資本剰余金当期変動額	1,000*2		

* 1　$(50,000 円 + 45,000 円 + 5,000 円) \times 10\% = 10,000$ 円

* 2　$10,000 円 - 11,000 円 = \triangle 1,000$ 円

（単位：円）

借　方　科　目	金　　額	貸　方　科　目	金　　額
非支配株主持分当期変動額	10,000	S　社　株　式	11,000
資本剰余金当期変動額	1,000		

解説7

1. タイムテーブル

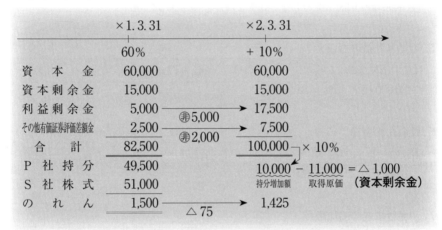

2. 開始仕訳

（借）資本金当期首残高	60,000	（貸）S　社　株　式	51,000
資本剰余金当期首残高	15,000	非支配株主持分当期首残高	33,000 *2
利益剰余金当期首残高	5,000		
その他有価証券評価差額金当期首残高	2,500		
の　　れ　　ん	1,500 *1		

＊1　51,000 円 － （60,000 円 ＋ 15,000 円 ＋ 5,000 円 ＋ 2,500 円）× 60％ ＝ 1,500 円

＊2　（60,000 円 ＋ 15,000 円 ＋ 5,000 円 ＋ 2,500 円）× 40％ ＝ 33,000 円

3. 当期純利益の振替え

(借)非支配株主に帰属する当期純利益	5,000*	(貸)非支配株主持分当期変動額	5,000

* 12,500円 × 40% = 5,000円

4. その他有価証券評価差額金増加額の振替え

(借)その他有価証券評価差額金当期変動額	2,000	(貸)非支配株主持分当期変動額	2,000*

* (7,500円 − 2,500円) × 40% = 2,000円

5. のれんの償却

(借)の れ ん 償 却 額	75*	(貸)の れ ん	75

* 1,500円 ÷ 20年 = 75円

6. 子会社株式の追加取得

(借)非支配株主持分当期変動額	10,000*1	(貸)S 社 株 式	11,000
資本剰余金当期変動額	1,000*2		

*1 (60,000円 + 15,000円 + 17,500円 + 7,500円) × 10% = 10,000円

*2 10,000円 − 11,000円 = △1,000円

（単位：千円）

借 方 科 目	金　　額	貸 方 科 目	金　　額
S　社　株　式	300	非支配株主持分当期変動額	290
子会社株式売却益	50	資本剰余金当期変動額	60

の　れ　ん	資本剰余金	非支配株主持分
192 千円	3,060 千円	870 千円

解説8

子会社株式の売却の処理を確認してください。

①土地の評価替え

(借)土　　　　　地	100[*1]	(貸)評　価　差　額	100

*1　800 千円 − 700 千円 = 100 千円

②連結開始仕訳

(借)資本金当期首残高	1,800	(貸)S　社　株　式	2,400
資本剰余金当期首残高	200	非支配株主持分当期首残高	540[*2]
利益剰余金当期首残高	600		
評　価　差　額	100		
の　れ　ん	240[*3]		

*2　(1,800 千円 + 200 千円 + 600 千円 + 100 千円) × 20% = 540 千円

*3　貸借差額

③のれんの償却

(借)の れ ん 償 却 額	48[*4]	(貸)の　れ　ん	48

*4　240 千円 ÷ 5 年 = 48 千円

④当期純利益の振替え

(借)非支配株主に帰属する当期純利益	40[*5]	(貸)非支配株主持分当期変動額	40

*5　200 千円 × 20% = 40 千円

⑤子会社株式の売却

イ　個別上の仕訳

(借)現　金　預　金	350	(貸)S　社　株　式	300[*6]
		子会社株式売却益	50[*7]

[*6]　S社株式 2,400 千円 × $\dfrac{10\%}{80\%}$ = 300 千円

[*7]　350 千円 − 300 千円 = 50 千円(売却益)

ロ　連結上あるべき仕訳

　子会社株式の売却は親会社と非支配株主との資本取引と考えるため、貸借差額を資本剰余金(当期変動額)として処理します。

(借)現　金　預　金	350	(貸)非支配株主持分当期変動額	290[*8]
		資本剰余金当期変動額	60[*9]

[*8]　(1,800 千円 + 200 千円 + 800 千円 + 100 千円) × 10% = 290 千円

[*9]　350 千円 − 290 千円 = 60 千円(貸方)

ハ　連結修正仕訳

(借)S　社　株　式	300	(貸)非支配株主持分当期変動額	290
子会社株式売却益	50	資本剰余金当期変動額	60

　なお、個別上の子会社株式売却損益を取り消して、連結修正仕訳の貸借差額を資本剰余金(当期変動額)とすると考えても大丈夫です。

のれん：240 千円 − 48 千円 = 192 千円

資本剰余金：3,000 千円(P 社) + 200 千円(S 社) − 200 千円(連結) +
　　　　　　60 千円(売却) = 3,060 千円

非支配株主持分：(1,800 千円 + 200 千円 + 800 千円 + 100 千円) × 30%
　　　　　　　　= 870 千円

（単位：円）

借 方 科 目	金　　額	貸 方 科 目	金　　額
S　社　株　式	8,100	非支配株主持分当期変動額	9,500
子会社株式売却益	1,900	資本剰余金当期変動額	500

解説9

1. タイムテーブル

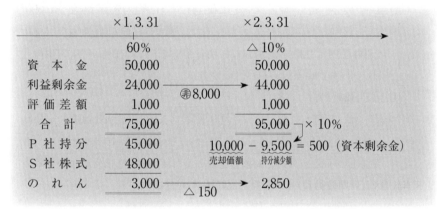

2. 支配獲得時の取得関連費用

（借）利益剰余金当期首残高	600	（貸）S　社　株　式	600

支払手数料

3. 子会社の資産・負債の時価評価

（借）土　　　　地	1,000	（貸）評　価　差　額	1,000

4. 開始仕訳

（借）資 本 金 当 期 首 残 高	50,000	（貸）S　社　株　式	48,000*1
利 益 剰 余 金 当 期 首 残 高	24,000	非支配株主持分当期首残高	30,000*3
評　価　差　額	1,000		
の　れ　ん	3,000*2		

108

*1　48,600 円 − 600 円 = 48,000 円

*2　48,000 円 −（50,000 円 + 24,000 円 + 1,000 円）× 60% = 3,000 円

*3　（50,000 円 + 24,000 円 + 1,000 円）× 40% = 30,000 円

5. 当期純利益の振替え

（借）非支配株主に帰属する当期純利益	8,000*	（貸）非支配株主持分当期変動額	8,000

*　20,000 円 × 40% = 8,000 円

6. のれんの償却

（借）の れ ん 償 却 額	150*	（貸）の　　れ　　ん	150

*　3,000 円 ÷ 20 年 = 150 円

7. 子会社株式の一部売却

個別上は、取得関連費用を含めて子会社株式売却益を計上しています。

（借）現　金　預　金	10,000	（貸）S　社　株　式	8,100*¹
		子会社株式売却益	1,900*²

*1　$48,600 \text{ 円} \times \dfrac{10\%}{60\%} = 8,100$ 円

*2　10,000 円 − 8,100 円 = 1,900 円

連結上あるべき仕訳

（借）現　金　預　金	10,000	（貸）非支配株主持分当期変動額	9,500*¹
		資本剰余金当期変動額	500*²

*1　（50,000 円 + 44,000 円 + 1,000 円）× 10% = 9,500 円

*2　貸借差額

連結修正仕訳

（借）S　社　株　式	8,100	（貸）非支配株主持分当期変動額	9,500
子会社株式売却益	1,900	資本剰余金当期変動額	500

（単位：円）

借　方　科　目	金　　額	貸　方　科　目	金　　額
S　社　株　式	17,000	非支配株主持分当期変動額	20,000
その他有価証券評価差額金当期変動額	1,000	資本剰余金当期変動額	2,000
子会社株式売却益	4,000		

解説10

1. タイムテーブル

```
                ×1.3.31              ×2.3.31
                  80%                △10%
資  本  金     120,000             120,000
利 益 剰 余 金    39,000 ──────────→  64,000
                        ⊕5,000
その他有価証券評価差額金  5,000                 15,000
                        ⊕2,000
評 価 差 額      1,000               1,000
  合     計    165,000             200,000
P 社 持 分    132,000
S 社 株 式    136,000
の   れ   ん     4,000 ──────────→   3,800
                       △200
```

2. 開始仕訳

（借）資本金当期首残高	120,000	（貸）S　　社　　株　　式	136,000
利益剰余金当期首残高	39,000	非支配株主持分当期首残高	33,000[*2]
その他有価証券評価差額金当期首残高	5,000		
評　価　差　額	1,000		
の　　れ　　ん	4,000[*1]		

[*1] 　136,000円 −（120,000円 + 39,000円 + 5,000円 + 1,000円）× 80% = 4,000円

[*2] 　（120,000円 + 39,000円 + 5,000円 + 1,000円）× 20% = 33,000円

3. 当期純利益の振替え

（借）非支配株主に帰属する当期純利益	5,000*	（貸）非支配株主持分当期変動額	5,000

＊　25,000 円× 20％ = 5,000 円

4. その他有価証券評価差額金増加額の振替え

（借）その他有価証券評価差額金当期変動額	2,000	（貸）非支配株主持分当期変動額	2,000*

＊　（15,000 円 − 5,000 円）× 20％ = 2,000 円

5. のれんの償却

（借）の れ ん 償 却 額	200*	（貸）の　　れ　　ん	200

＊　4,000 円 ÷ 20 年 = 200 円

6. 子会社株式の一部売却

個別上の仕訳

（借）現　金　預　金	21,000	（貸）S　社　株　式	17,000*1
		子 会 社 株 式 売 却 益	4,000*2

＊1　$136,000 円 \times \dfrac{10\%}{80\%} = 17,000 円$

＊2　21,000 円 − 17,000 円 = 4,000 円

連結上あるべき仕訳

　子会社の支配獲得後のその他有価証券評価差額金の増加額 10,000 円のうち売却分（10％、1,000 円）を減らします。

（借）現　金　預　金	21,000	（貸）非支配株主持分当期変動額	20,000*2
その他有価証券評価差額金当期変動額	1,000*1	資本剰余金当期変動額	2,000*3

＊1　（15,000 円 − 5,000 円）× 10％ = 1,000 円
　　　支配獲得後評価差額金　　　　売却分

＊2　（120,000 円 + 64,000 円 + 15,000 円 + 1,000 円）× 10％ = 20,000 円

＊3　貸借差額

連結修正仕訳

（借）S　社　株　式	17,000	（貸）非支配株主持分当期変動額	20,000
その他有価証券評価差額金当期変動額	1,000	資本剰余金当期変動額	2,000
子 会 社 株 式 売 却 益	4,000		

[参考]子会社株式の売却で、その他有価証券評価差額金を減らす理由

その他有価証券評価差額金は、その他有価証券の時価の変動によって生じた未実現の損益です。

ここで、P社がS社株式の一部を非支配株主に売却することにより、S社で計上したその他有価証券評価差額金の一部が実現したと考えます。

そのため、本来は、その他有価証券評価差額金から損益(利益剰余金)に振り替えるべきです。しかし、近年、連結財務諸表に関する会計基準が改訂され、親会社(P社)だけでなく非支配株主も企業集団の一部を構成するという考え(経済的単一体説といいます)を取り入れることになりました。

そして、P社が非支配株主にS社株式を売却するのは企業集団内の取引と考え、関連する損益は資本剰余金とするルールに変更されました。

そのため、子会社株式の売却に係る分だけでなく、その他有価証券評価差額金の実現分も資本剰余金とすることになりました。

解答 11　段階取得　問　題→ p24

段階取得に係る差益	*500*	千円
の　れ　ん	*6,750*	千円
非支配株主持分	*31,500*	千円

解説 11

【仕訳で解く場合】　　　　　　　　　　　　　　　　　　（単位：千円）

(借)土　　　　　地	1,250	(貸)評　価　差　額	1,250 *1
(借)S　社　株　式	500	(貸)段階取得に係る差益 （利益剰余金）	500 *2
(借)資　　本　　金	50,000	(貸)S　社　株　式	54,000 *3
利　益　剰　余　金	27,500	非支配株主持分	31,500 *4
評　価　差　額	1,250 *1		
の　れ　ん	6,750 *5		

*1　41,250 千円 − 40,000 千円 = 1,250 千円

*2　50%分の取得原価（時価）から 10%分の時価を計算します。

　　45,000 千円 ÷ 50% × 10% = 9,000 千円

　　9,000 千円 − 8,500 千円 = 500 千円

*3　8,500 千円 + 45,000 千円 + 500 千円 = 54,000 千円

*4　（50,000 千円 + 27,500 千円 + 1,250 千円）× 40% = 31,500 千円

*5　貸借差額

の　れ　ん：<u>54,000 千円</u> − <u>47,250 千円</u> = 6,750 千円
　　　　　　　 S社株式　　　　親会社持分

非支配株主持分：<u>78,750 千円</u> × 40% = 31,500 千円
　　　　　　　　×10.3/31資本合計

持分法による投資損益	*70*	円
段階取得に係る差益	*20*	円
の　　れ　　ん	*300*	円
非 支 配 株 主 持 分	800	円

解説 12

(1)持分法適用の仕訳

①土地の時価評価（イメージ上の仕訳）

(借)土　　　　　　　　　地	6	(貸)評　価　差　額	6*

＊　(830 円 − 800 円) × 20% = 6 円

のれん：410 円 − {(1,000 円 + 520 円) × 20% + 6 円} = 100 円

②のれんの償却

(借)持分法による投資損益	10	(貸)S　社　株　式	10*

＊　100 円 ÷ 10 年 = 10 円

③関連会社の当期純利益

(借) S　社　株　式	80	(貸)持分法による投資損益	80*

＊　400 円 × 20% = 80 円

持分法上の簿価：410 円 − 10 円 + 80 円 = 480 円

(2)連結上の仕訳

①土地の時価評価

(借)土　　　　　　　　　地	80	(貸)評　価　差　額	80*

＊　880 円 − 800 円 = 80 円

②子会社株式の評価替え

(借) S　社　株　式	20	(貸)段階取得に係る差益	20*

＊　時価：1,000 円 ÷ 40% × 60% = 1,500 円（60%分時価）

または 1,000 円 ÷ 40% × 20% = 500 円（20%分時価）

1,500 円 − (480 円 + 1,000 円) = 20 円

③資本連結

(借)資　　本　　金	1,000	(貸)S　社　株　式	1,500*1
利　益　剰　余　金	920	非支配株主持分	800*2
評　価　差　額	80		
の　　れ　　ん	300*3		

*1　時価 1,500 円　　*2　(1,000 円 + 920 円 + 80 円)× 40% = 800 円

*3　1,500 円 −(1,000 円 + 920 円 + 80 円)× 60% = 300 円

解答 13　　　　評価差額の実現　　　　問 題→ p26

(1) 建　　物　　　32,000　円

(2) 減価償却累計額　　8,100　円

(3) 減価償却費　　　3,100　円

(4) 繰延税金負債　　　360　円

(5) 非支配株主持分　2,388　円

解説 13

　子会社の支配獲得時に、子会社の建物などの償却性資産を時価評価したときは、翌年度から減価償却費を修正します。

　具体的には、固定資産の簿価修正額を残存耐用年数で割った額について、減価償却費を修正します。

　また、子会社の減価償却費の修正による純資産の変動額を非支配株主持分にも配分します。

　非支配株主持分は、子会社資本合計に非支配株主持分割合を掛けた額に、減価償却費の修正に伴う非支配株主持分への影響額を加減して計算することもできます。

(5,000 円 + 6,400 円 + 600 円)× 20% − 12 円 = 2,388 円
　資本金　利益剰余金　評価差額　減価償却による影響額

115

1 支配獲得時（×1年3月31日）

(1) 子会社の資産負債の時価評価

(借)建	物	1,000	(貸)繰 延 税 金 負 債	400[*1]
			評 価 差 額	600[*2]

*1　100円 × 40% = 40円

*2　100円 - 40円 = 60円

(2) 資本連結

(借)資 本 金	5,000	(貸)S 社 株 式	8,000
利 益 剰 余 金	4,400	非 支 配 株 主 持 分	2,000[*1]
評 価 差 額	600		

*1　（5,000円 + 4,400円 + 600円）× 20% = 2,000円

のれん：8,000円 - （5,000円 + 4,400円 + 600円）× 80% = 0円

2 翌年度（×2年3月31日）

(1) 時価評価

(借)建	物	1,000	(貸)繰 延 税 金 負 債	400
			評 価 差 額	600

(2) 減価償却費の修正

(借)減 価 償 却 費	100[*1]	(貸)減 価 償 却 累 計 額	100
(借)繰 延 税 金 負 債	40[*2]	(貸)法 人 税 等 調 整 額	40
(借)非支配株主持分当期変動額	12[*3]	(貸)非支配株主に帰属する当期純利益	12

*1　1,000円 ÷ 10年 = 100円

*2　100円 × 40% = 40円

*3　（100円 - 40円）× 20% = 12円

(3) 開始仕訳

(借)資本金当期首残高	5,000	(貸)S 社 株 式	8,000
利益剰余金当期首残高	4,400	非支配株主持分当期首残高	2,000
評 価 差 額	600		

(4) 子会社の当期純利益の振替え

(借)非支配株主に帰属する当期純利益	400[*]	(貸)非支配株主持分当期変動額	400

*　2,000円 × 20% = 400円

解答1　　在外子会社の財務諸表項目の換算　　問　題→ p28

子会社損益計算書　　　　　　　　　　（単位：円）

売 上 原 価	(	61,880)	売 上 高	(	85,430)
減 価 償 却 費	(	16,065)	受 取 利 息	(	17,255)
その他の費用	(	20,825)	為 替 差 益	(	250)
為 替 差 損	(	)			
当 期 純 利 益	(	4,165)			
	(	102,935)		(	102,935)

子会社貸借対照表　　　　　　　　　　（単位：円）

現 金 預 金	(	30,000)	買 掛 金	(	33,240)
売 掛 金	(	42,000)	減価償却累計額	(	16,200)
商 品	(	36,000)	資 本 金	(	191,400)
備 品	(	144,000)	利 益 剰 余 金	(	4,515)
			為替換算調整勘定	(	6,645)
	(	252,000)		(	252,000)

解説1

(1)収益・費用

　収益・費用は原則として期中平均為替レートで換算します。しかし、親会社との取引による収益・費用については、親会社が換算に用いているレートで換算する点に注意が必要です。

売上
720 ドル
$\begin{cases} 250 ドル（親会社に対する売上高） \\ \qquad\cdots 250 ドル \times 118 円 / ドル = 29,500 円 \\ 470 ドル（それ以外） \\ \qquad\cdots 470 ドル \times 119 円 / ドル = \underline{55,930 円} \\ \qquad\qquad\qquad\qquad\qquad\qquad\qquad 85,430 円 \end{cases}$

為替差損益：（119 円 / ドル − 118 円 / ドル）× 250 ドル = 250 円
　　　　　　　　期中平均レート　　　発生時レート

(2)資産・負債

　資産・負債は決算時の為替レートで換算します。

(3)株主資本

　資本金については子会社株式取得時点の為替レートで換算します。

　一方、利益剰余金は、当期純利益、配当と換算に用いる為替レートが異なるため、貸借対照表に計上すべき当期末残高は、ボックス図を描いて算定します。

利益剰余金

配　　当　　　2 ドル @ 115 円 × 2 ドル = 230 円	当期首残高　　　5 ドル @ 116 円 × 5 ドル = 580 円
当期末残高　　38 ドル 4,515 円 （貸借差額）	当期純利益　　35 ドル 4,165 円 （損益計算書より）

(4)貸借差額

　子会社貸借対照表の貸借差額は為替換算調整勘定として純資産の部に計上します。

ここをおさえて！　～在外子会社～

在外子会社の財務諸表項目は原則として決算日レート法をもとに換算を行います。

財務諸表項目	適用為替レート
資産および負債	決算時の為替レート（CR）
親会社による株式取得時の項目	株式取得時の為替レート（HR）
親会社による株式取得後の項目	発生時の為替レート（HR）
収益および費用	原則として期中平均為替レート（AR） 決算時の為替レートでも可（CR）＊

＊親会社との取引により生じた収益および費用は、親会社が換算に用いる為替レートで換算を行う必要があります。これは連結決算上、相殺消去する必要があるためです。その結果生じた差額は為替差損益として処理します。

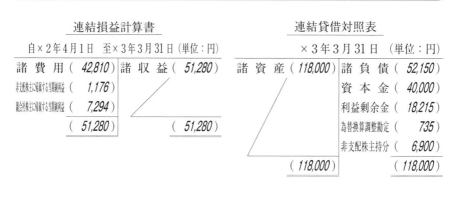

解答2　在外子会社の連結　問　題→ p30

連結損益計算書

自×2年4月1日 至×3年3月31日（単位：円）

諸　費　用	(42,810)	諸　収　益	(51,280)
非支配株主に帰属する当期純利益	(1,176)		
親会社株主に帰属する当期純利益	(7,294)		
	(51,280)		(51,280)

連結貸借対照表

×3年3月31日 （単位：円）

諸　資　産	(118,000)	諸　負　債	(52,150)
		資　本　金	(40,000)
		利益剰余金	(18,215)
		為替換算調整勘定	(735)
		非支配株主持分	(6,900)
	(118,000)		(118,000)

連結株主資本等変動計算書

自×2年4月1日 至×3年3月31日 （単位：円）

株主資本
　資本金
　　当期首残高　　　　　　　　　　　　（　　　　40,000 ）
　　当期変動額　　　　　　　　　　　　（　　　　　　0 ）
　　当期末残高　　　　　　　　　　　　（　　　　40,000 ）
　利益剰余金
　　当期首残高　　　　　　　　　　　　（　　　　13,921 ）
　　当期変動額
　　　剰余金の配当　　　　　　　　　　（　　　△3,000 ）
　　　親会社株主に帰属する当期純利益　（　　　　7,294 ）
　　　当期変動額合計　　　　　　　　　（　　　　4,294 ）
　　当期末残高　　　　　　　　　　　　（　　　　18,215 ）
その他の包括利益累計額
　為替換算調整勘定
　　当期首残高　　　　　　　　　　　　（　　　　　　0 ）
　　当期変動額（純額）　　　　　　　　（　　　　　735 ）
　　当期末残高　　　　　　　　　　　　（　　　　　735 ）
非支配株主持分
　当期首残高　　　　　　　　　　　　　（　　　　5,700 ）
　当期変動額（純額）　　　　　　　　　（　　　　1,200 ）
　当期末残高　　　　　　　　　　　　　（　　　　6,900 ）

（注）金額がゼロの場合は0、マイナスの場合は△をつけて記入すること

⑴在外子会社の財務諸表の換算

S社損益計算書
自×2年4月1日 至×3年3月31日（単位：円）

@98円×120ドル→ 諸 費 用 11,760 ｜ 諸 収 益 15,680 ←@98円×160ドル
AR
@98円×40ドル→ 当期純利益 3,920 ｜ AR
15,680 ｜ 15,680

S社株主資本等変動計算書（株主資本のみ）
自×2年4月1日 至×3年3月31日（単位：円）

資本金当期末残高	14,250	資本金当期首残高	14,250	←@95円×150ドル HR
@97円×10ドル→ 剰余金の配当	970	利益剰余金当期首残高	4,750	←@95円×50ドル HR
HR 利益剰余金当期末残高	7,700	当期純利益	3,920	

S社貸借対照表
×3年3月31日 （単位：円）

@100円×380ドル→ 諸 資 産 38,000 ｜ 諸 負 債 15,000 ←@100円×150ドル
CR
｜ 資 本 金 14,250 ｜ CR
｜ 利益剰余金 7,700
｜ 為替換算調整勘定 1,050 ←差額
38,000 ｜ 38,000

CR：決算時レート　HR：発生時レート　AR：期中平均レート

⑵連結開始仕訳

(借)資本金当期首残高	14,250	(貸)S 社 株 式	13,300
利益剰余金当期首残高	4,750	非支配株主持分当期首残高	5,700 *1

*1　(14,250円＋4,750円)×30％＝5,700円

(3)当期の連結修正仕訳

①子会社の当期純利益の振替え

(借)非支配株主に帰属する当期純利益	1,176 ^{*2}	(貸)非支配株主持分当期変動額	1,176

* 2　3,920 円 × 30% = 1,176 円

②為替換算調整勘定の振替え

(借)為替換算調整勘定当期変動額	315 ^{*3}	(貸)非支配株主持分当期変動額	315

* 3　1,050 円 × 30% = 315 円

③剰余金の配当の修正

(借)受　取　配　当　金	679	(貸)剰　余　金　の　配　当	970
非支配株主持分当期変動額	291 ^{*4}		

* 4　970 円 × 30% = 291 円

(4)連結財務諸表の金額

①連結損益計算書

諸収益：35,600 円 + 15,680 円 = 51,280 円

諸費用：31,050 円 + 11,760 円 = 42,810 円

親会社株主に帰属する当期純利益：貸借差額

②連結貸借対照表

諸資産：80,000 円 + 38,000 円 = 118,000 円

諸負債：37,150 円 + 15,000 円 = 52,150 円

③連結株主資本等変動計算書

資本金当期首残高：40,000 円 + 14,250 円 − 14,250 円 = 40,000 円

利益剰余金当期首残高：13,921 円 + 4,750 円 − 4,750 円 = 13,921 円

剰余金の配当：3,000 円 + 970 円 − 970 円 = 3,000 円

為替換算調整勘定当期変動額：1,050 円 − 315 円 = 735 円

非支配株主持分当期変動額：1,176 円 + 315 円 − 291 円 − 1,200 円

解答3 　　　在外子会社の連結(外貨建てのれん)　　　　問　題→ p31

のれん	**918**	円
為替換算調整勘定	**187**	円
非支配株主持分	**2,244**	円

解説3

(1)S社の財務諸表(資本)の換算(×2年3月)

外貨建ての子会社資本合計に決算時レートを掛けた金額と、換算後の子会社資本との差額が為替換算調整勘定となります。

①外貨建ての子会社資本合計:70ドル+40ドル=110ドル

決算時レート:110ドル×@ 102円=11,220円
　　　　　　　　　　　　　決算時レート

②子会社資本の換算額

資本金:70ドル×@ 100円=7,000円
　　　　　　　取得時レート

利益剰余金:30ドル×@ 100円+ 10ドル×@ 101円=4,010円
　　　　　　　　　取得時レート　当期純利益　平均レート

換算後の資本合計:7,000円+4,010円=11,010円

③為替換算調整勘定

11,220円-11,010円=210円

(2)資本連結(×1年3月)

外貨建てのれん:90ドル-(70ドル+ 30ドル)×80%=10ドル

のれん:10ドル×@ 100円=1,000円

(借)資　　本　　金	7,000	(貸)S　社　株　式	9,000[*1]
利　益　剰　余　金	3,000	非支配株主持分	2,000[*2]
の　　れ　　ん	1,000		

*1　90ドル×@ 100円=9,000円

*2　(7,000円+ 3,000円)×20%=2,000円

⑶子会社当期純利益の振替え

(借)非支配株主に帰属する当期純利益	202	(貸)非支配株主持分当期変動額	202*

* 1,010 円 × 20% = 202 円

⑷為替換算調整勘定の振替え

(借)為替換算調整勘定当期変動額	42	(貸)非支配株主持分当期変動額	42*

* 210 円 × 20% = 42 円

⑸のれんの償却

外貨建てのれんの償却額(1ドル)を期中平均レートで換算します。

(借)の れ ん 償 却 額	101*	(貸)の れ ん	101

* 10 ドル ÷ 10 年 = 1 ドル 1 ドル × @ 101 円 = 101 円

⑹のれんに係る為替換算調整勘定

外貨建てのれんの期末残高(9ドル)を決算時レートで換算します。そのため、のれんからも為替換算調整勘定を認識します。

なお、のれんは親会社株主から生じたと考え、非支配株主には配分しません。

(借)の れ ん	19*	(貸)為替換算調整勘定(当期変動額)	19

* 1,000 円 − 101 円 = 899 円(換算前期末残高)

9 ドル × 102 円(CR) = 918 円(換算後期末残高)

為替換算調整勘定:918 円 − 899 円 = 19 円

連結B/S のれん:1,000 円 − 101 円 + 19 円 = 918 円

連結B/S 為替換算調整勘定:210 円 + 19 円 − 42 円 = 187 円

連結B/S 非支配株主持分:2,000 円 + 202 円 + 42 円 = 2,244 円

個別貸借対照表

P社　　　　　　　　　　×1年3月31日　　　　　　　（単位：円）

諸　　資　　産	(60,000)	諸　　負　　債	(14,000)
S　社　株　式	(10,000)	資　　本　　金	(40,000)
		利　益　剰　余　金	(16,000)
	(70,000)		(70,000)

連結貸借対照表

P社　　　　　　　　　　×1年3月31日　　　　　　　（単位：円）

諸　　資　　産	(71,200)	諸　　負　　債	(17,000)
の　　れ　　ん	(1,800)	資　　本　　金	(40,000)
		利　益　剰　余　金	(16,000)
	(73,000)		(73,000)

解説4

⑴株式交換の仕訳

(借) S　社　株　式	10,000 *1	(貸) 資　本　金	10,000

＊1　@10円×1,000株＝10,000円

⑵株式交換後の個別貸借対照表

P社貸借対照表
×1年3月31日　（単位：円）

諸　資　産	60,000	諸　負　債	14,000
S社株式	10,000	資　本　金	40,000
		利益剰余金	16,000
	70,000		70,000

S社貸借対照表
×1年3月31日　（単位：円）

諸　資　産	10,000	諸　負　債	3,000
		資　本　金	5,000
		利益剰余金	2,000
	10,000		10,000

(3)連結上の処理

通常の子会社の連結と同様に、子会社の資産・負債の時価評価と資本連結の仕訳を行います。ただし、完全子会社のため非支配株主持分は出てきません。

①評価替えの仕訳

(借)諸 資 産	1,200 *²	(貸)評 価 差 額	1,200

＊2　11,200 円 − 10,000 円 = 1,200 円

②連結修正仕訳

(借)資 本 金	5,000	(貸)S 社 株 式	10,000
利 益 剰 余 金	2,000		
評 価 差 額	1,200		
の れ ん	1,800 *³		

＊3　貸借差額

(4)連結貸借対照表の金額

諸　資　産：60,000 円 + 10,000 円 + 1,200 円 = 71,200 円

諸　負　債：14,000 円 + 3,000 円 = 17,000 円

資　本　金：40,000 円 + 5,000 円 − 5,000 円 = 40,000 円

利益剰余金：16,000 円 + 2,000 円 − 2,000 円 = 16,000 円

C社　　　　　　　　　　　個別貸借対照表　　　　　　　（単位：円）

A 社 株 式	(600)	資 本 金	(520)
B 社 株 式	(440)	資 本 剰 余 金	(520)
	(1,040)		(1,040)

C社　　　　　　　　　　　連結貸借対照表　　　　　　　（単位：円）

諸 資 産	(1,300)	諸 負 債	(300)
の れ ん	(40)	資 本 金	(520)
		資 本 剰 余 金	(360)
		利 益 剰 余 金	(160)
	(1,340)		(1,340)

1個別上の処理（C社）

取得企業の株式の取得原価は簿価により、被取得企業の株式の取得原価は取得企業の株式の時価となります。

| (借)A 社 株 式 | 600*1 | (貸)資 本 金 | 520*3 |
| B 社 株 式 | 440*2 | 資 本 剰 余 金 | 520 |

* 1　800円 − 200円 = 600円
* 2　@22円 × 20株 = 440円
* 3　(600円 + 440円) ÷ 2 = 520円

2連結上の処理
⑴取得企業の連結
①資本連結

個別上、取得企業の株式の取得原価は、取得企業の適正な帳簿価額による純資産額により計算しているため、**資本連結によるのれんは発生しません**。また、取得企業の資産・負債については時価評価をしません。

(借)資 本 金	400	(貸)A 社 株 式	600
資 本 剰 余 金	40		
利 益 剰 余 金	160		

②取得企業の利益剰余金の引継ぎ

取得企業が被取得企業を取得したとみなして処理するため、連結上、取得企業の利益剰余金を引き継ぎます。

ここで、資本連結で取得企業の利益剰余金を減らしているため、貸方を利益剰余金とし、資本剰余金から振り替えます。

| (借)資 本 剰 余 金 | 160 | (貸)利 益 剰 余 金 | 160 |

⑵被取得企業の連結

　　被取得企業の資産・負債を時価評価するとともに、親会社の投資と子会社の資本を相殺し、**差額をのれんまたは負ののれん発生益**とします。

①資産・負債の時価評価

(借)諸　　資　　産	100*	(貸)評　価　差　額	100

　＊　500円 − 400円 = 100円

②資本連結

(借)資　　　本　　　金	200	(貸)B　社　株　式	440
資　本　剰　余　金	20		
利　益　剰　余　金	80		
評　価　差　額	100		
の　　れ　　ん	40*		

　　＊　440円 − (200円 + 20円 + 80円 + 100円) = 40円

資本金：520円 + 400円 + 200円 − 400円 − 200円 = 520円

　　連結上の資本金は、必ず、親会社(C社)の資本金となります。

利益剰余金：160円 − 160円 + 160円 = 160円

解答6 連結キャッシュ・フロー計算書 - 1　　　問　題→ p34

連結キャッシュ・フロー計算書　　（単位：円）

Ⅰ 営業活動によるキャッシュ・フロー	
営　業　収　入	362,000
商　品　の　仕　入　支　出	△196,000
人　件　費　支　出	△40,000
そ　の　他　の　営　業　支　出	△67,000
小　計	59,000
利息及び配当金の受取額	4,800
利　息　の　支　払　額	△5,600
法　人　税　等　の　支　払　額	△12,700
営業活動によるキャッシュ・フロー	45,500
⋮	⋮
Ⅲ 財務活動によるキャッシュ・フロー	
配　当　金　の　支　払　額	△10,000
非支配株主への配当金の支払額	△1,600
⋮	⋮

　原則法なので、個別キャッシュ・フロー計算書を合算し、親子会社間のキャッシュ・フローを相殺消去し、作成します。

　以下、解説しているのは相殺消去が必要な項目です。それ以外については単純に合算するだけとなります。

⑴営業収入と仕入支出の相殺消去

　親子会社間で行われた商品の売買について、代金を回収した分(50,000円)を相殺消去します。

営業収入：298,000円 + 114,000円 − 50,000円 = **362,000円**

商品の仕入支出：172,000円 + 74,000円 − 50,000円 = **196,000円**

⑵配当金の支払額と配当金の受取額

　子会社が支払った配当金のうち親会社が受取ったものについては、連結キャッシュ・フロー計算書上では相殺消去されます。また、子会社が支払った配当金のうち非支配株主に支払われた額については、「**非支配株主への配当金の支払額**」という独立した科目で記載します。

配当金の支払額：10,000円 + 4,000円 − 4,000円 = **10,000円**

非支配株主への配当金の支払額：4,000円 − 2,400円 = **1,600円**

利息および配当金の受取額：

$$6,500円 + 700円 − \underline{2,400円} = 4,800円$$
P社受取分

ここをおさえて！ ～連結キャッシュ・フロー計算書の作り方（原則法）～

個別 C/F（親会社） → ┐
　　　　　　　　　　　合算 ＋ 相殺消去 → 連結 C/F
個別 C/F（子会社） → ┘

＊非支配株主に対して支払われた配当金の額は、連結キャッ
シュ・フロー計算書上、「非支配株主への配当金の支払額」とい
う独立科目に記載される。

連結キャッシュ・フロー計算書　　　　（単位：円）

Ⅰ 営業活動によるキャッシュ・フロー

税 金 等 調 整 前 当 期 純 利 益	（	*28,600* ）
減 　 価 　 償 　 却 　 費	（	*9,300* ）
貸 倒 引 当 金 の 増 加 額	（	*50* ）
（ **の　れ　ん　償　却　額** ）	（	*200* ）
受 取 利 息 配 当 金		△ 1,900
支 　 　 払 　 　 利 　 　 息		1,700
固 定 資 産 売 却 損		3,000
損 害 賠 償 損 失		9,000
売 上 債 権 の 増 加 額	（	*△2,500* ）
棚 卸 資 産 の 増 加 額	（	*△500* ）
前 払 費 用 の 減 少 額	（	*2,000* ）
仕 入 債 務 の 減 少 額	（	*△500* ）
小 　 　 　 　 計	（	*48,450* ）
利 息 及 び 配 当 金 の 受 取 額	（	*1,870* ）
利 　 息 　 の 　 支 　 払 　 額	（	*△1,660* ）
損 害 賠 償 金 の 支 払 額		△ 9,000
法 人 税 等 の 支 払 額	（	*△13,400* ）
営業活動によるキャッシュ・フロー	（	*26,260* ）

解説7

　資料として連結貸借対照表と連結損益計算書が与えられているので、**簡便法に**より連結キャッシュ・フロー計算書を作成します。また、指示により営業活動によるキャッシュ・フローは**間接法**により作成します。

　親子会社間の取引については、連結貸借対照表および連結損益計算書を作成するさいに相殺消去されているので、改めて相殺消去することはありません。

以下に挙げる点に注意して解答しましょう。

(1)税金等調整前当期純利益

間接法による連結キャッシュ・フロー計算書は、連結損益計算書における法人税等を差し引く前の税金等調整前当期純利益からスタートします。

(2)のれん償却額

投資消去差額であるのれん償却額は非資金損益項目なので、税金等調整前当期純利益の加算項目として計上します。

(3)利息及び配当金の受取額

未収利息が計上されていることから、損益計算書上の金額と実際に受け取った金額が異なることが分かります。

受取利息配当金

期首未収 60円	当期受取 1,870円
P/L 1,900円	期末未収 90円

(4)利息の支払額・法人税等の支払額

未払利息と未払法人税等が計上されていることから、損益計算書上の金額と実際に支払った金額が異なることが分かります。

支払利息

当期支払 1,660円	期首未払 30円
期末未払 70円	P/L 1,700円

未払法人税等

当期支払 13,400円	期首未払 4,400円
期末未払 4,900円	P/L 13,900円

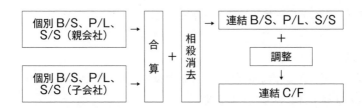

＊連結貸借対照表・連結損益計算書が作成される段階で、親子会社間の取引が相殺消去されているので、原則法と違って親子会社間の取引を消去することはありません。

解答1 本支店合併財務諸表の作成 - 1　　　問 題→ p38

本支店合併損益計算書

自×8年4月1日　至×9年3月31日（単位：円）

I 売　上　高		（ 761,250 ）
II 売 上 原 価		
1 期首商品棚卸高	（ 20,100 ）	
2 当期商品仕入高	（ 582,000 ）	
合　　　　計	（ 602,100 ）	
3 期末商品棚卸高	（ 54,520 ）	（ 547,580 ）
売 上 総 利 益		（ 213,670 ）

解説1

本支店会計に関する合併財務諸表作成問題では次の3点に注意が必要です。
・ 未処理取引の処理・把握
・ 本店勘定と支店勘定、本店より仕入勘定と支店へ売上勘定の相殺消去
・ 期首・期末商品に含まれる内部利益の消去

⑴未処理取引の処理・把握

　未処理取引の処理を行うさいは、本店・支店どちらの処理が行われていなかったのかを確認します。

支店：（借）本店より仕入	23,000	（貸)本　　　店	23,000

⑵本店・支店、本店より仕入・支店へ売上の各勘定の相殺消去

　未達取引処理後は、本店勘定・支店勘定、本店より仕入勘定・支店へ売上勘定の残高は一致します。

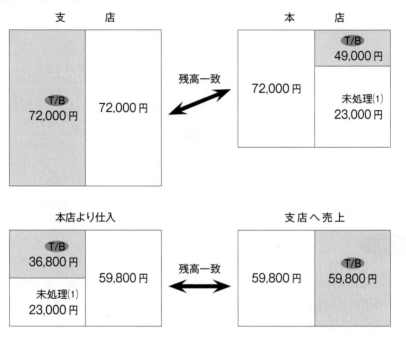

　支店勘定・本店勘定、本店より仕入勘定・支店へ売上勘定を相殺消去します。

| (借)本 店 | 72,000 | (貸)支 店 | 72,000 |
| (借)支 店 へ 売 上 | 59,800 | (貸)本店より仕入 | 59,800 |

⑶期首・期末商品に含まれる内部利益の消去

　期首商品の内部利益：**T/B** 繰延内部利益　1,200 円

　期末商品の内部利益：$(3,680 円 + 23,000 円) \times \dfrac{0.15}{1 + 0.15} = 3,480$ 円

　P/L 期首商品棚卸高：本店 12,000 円 + 支店 9,300 円 − 内部利益 1,200 円
　　　　　　　　　　　= 20,100 円

　P/L 期末商品棚卸高：本店 20,000 円 + 支店 (15,000 円 + 未処理 23,000 円)
　　　　　　　　　　　− 内部利益 3,480 円 = 54,520 円

| 解答2 | 本支店合併財務諸表の作成 - *2* | 問 題→ p39 |

(1)損益計算書 期末商品棚卸高 ... **38,600** 円

(2)損益計算書 棚 卸 減 耗 損 ... **4,300** 円

(3)損益計算書 商 品 評 価 損 ... **1,400** 円

(4)貸借対照表 商 品 ... **32,900** 円

解説2

　期末商品の評価に関する問題です。問題を解くさいには、ボックス図を作成します。

⑴本店期末商品の評価

　棚 卸 減 耗 損：帳簿棚卸高20,000円−実地棚卸高18,000円＝2,000円

　本 店 商 品：18,000円

⑵支店期末商品の評価

【外部仕入分】

期末商品棚卸高＠120円×100個＝12,000円

原価＠120円

正味売却価額＠110円

商品評価損
（＠120円−＠110円）×90個＝900円

棚卸減耗損
＠120円
×（100個−90個）
＝1,200円

貸借対照表価額
＠110円×90個＝9,900円 **B/S**

実地90個　　　帳簿100個

【本店仕入分】

(支店帳簿 19,920 円－外部仕入 12,000 円)÷ 60 個＝＠ 132 円

振替価格
＠ 132 円

内部利益（＠ 132 円－＠ 110 円）× 60 個＝ 1,320 円

原価
＠ 110 円

商品評価損
（＠ 110 円－＠ 100 円）× 50 個＝ 500 円

棚卸減耗損
＠ 110 円
×（60 個－ 50 個）
＝ 1,100 円

正味売却価額
＠ 100 円

貸借対照表価額
＠ 100 円× 50 個＝ 5,000 円 B/S

実地 50 個　　　　　　　帳簿 60 個

＠ 132 円÷ 1.2 ＝＠ 110 円

支店期末商品棚卸高：本店仕入分＠ 110 円× 60 個＋外部仕入分 12,000 円
　　　　　　　　　　＝ 18,600 円

棚　卸　減　耗　損：1,200 円＋ 1,100 円＝ 2,300 円

P/L 商　品　評　価　損：900 円＋ 500 円＝ 1,400 円

　　支　店　商　品：本店仕入分 5,000 円＋ 9,900 円＝ 14,900 円

P/L 期 末 商 品 棚 卸 高：本店 20,000 円＋支店 18,600 円＝ 38,600 円

P/L 棚　卸　減　耗　損：2,000 円＋ 2,300 円＝ 4,300 円

B/S 商　　　　　　　品：本店 18,000 円＋支店 14,900 円＝ 32,900 円

解答3　　　　帳簿の締切り　　　　　　　　　　　問　題→ p40

		総　合　損　益			（単位：円）
3/31	繰延内部利益控除	（ 1,500 ）	3/31	本　店　損　益	（ 113,000 ）
〃	法 人 税 等	（ 52,400 ）	〃	支　　　　　店	（ 17,250 ）
〃	繰越利益剰余金	（ 78,600 ）	〃	繰延内部利益戻入	（ 2,250 ）
		（ 132,500 ）			（ 132,500 ）

解説3

　　総合損益勘定への記入問題です。

(1)本店純利益の振替え

　　　本店純利益の振替金額は、本店損益勘定の貸借差額から求めます。

本店：	（借）本　店　損　益	113,000	（貸）総　合　損　益	113,000

(2)支店純利益の振替え

　　　支店純利益の振替金額は、支店損益勘定の貸借差額から求めます。

支店：	（借）支　店　損　益	17,250	（貸）本　　　　　店	17,250
本店：	（借）支　　　　　店	17,250	（貸）総　合　損　益	17,250

(3)内部未実現利益の処理

　　　本店が支店へ商品を送付するさいに 15％ の利益が加算されています。した
　　がって、支店の期首商品および期末商品に含まれている利益を戻入・控除する
　　必要があります。

（借）繰 延 内 部 利 益	2,250	（貸）繰延内部利益戻入	2,250[*1]
（借）繰延内部利益控除	1,500[*2]	（貸）繰 延 内 部 利 益	1,500
（借）繰延内部利益戻入	2,250	（貸）総　合　損　益	2,250
（借）総　合　損　益	1,500	（貸）繰延内部利益控除	1,500

*1　期首商品に含まれる内部利益：$17,250 \text{円} \times 0.15 \div 1.15 = 2,250 \text{円}$

*2　期末商品に含まれる内部利益：$(33,500 \text{円} - 22,000 \text{円}) \times 0.15 \div 1.15$
$$= 1,500 \text{円}$$

⑷法人税等の計上

　　総合損益勘定に上記処理を記入し、貸借の差額が税引前当期純利益になり、その40%が当期の法人税等として計上されます。

(借)法　人　税　等	52,400*	(貸)未払法人税等	52,400

(借)総　合　損　益	52,400	(貸)法　人　税　等	52,400

＊　(113,000円＋17,250円＋2,250円－1,500円)×40%＝52,400円

⑸繰越利益剰余金勘定への振替え

　　総合損益勘定の貸借差額(＝税引前当期純利益の60%)を繰越利益剰余金勘定へ振り替えます。

(借)総　合　損　益	78,600	(貸)繰越利益剰余金	78,600

| 解答4 | 在外支店の財務諸表項目の換算 | 問 題→ p41 |

支店貸借対照表 （単位：円）

現 金 預 金	（	53,550 ）	買 掛 金	（	96,390 ）
売 掛 金	（	89,250 ）	長 期 借 入 金	（	87,465 ）
商 品	（	36,300 ）	減価償却累計額	（	15,930 ）
備 品	（	159,300 ）	本 店	（	105,600 ）
			当 期 純 利 益	（	33,015 ）
	（	338,400 ）		（	338,400 ）

支店損益計算書 （単位：円）

期首商品棚卸高	（	48,800 ）	売 上 高	（	580,800 ）
当期商品仕入高	（	496,100 ）	期末商品棚卸高	（	36,300 ）
減 価 償 却 費	（	15,930 ）			
為 替 差 損	（	2,080 ）			
そ の 他 の 費 用	（	21,175 ）			
当 期 純 利 益	（	33,015 ）			
	（	617,100 ）		（	617,100 ）

解説4

(1)貸借対照表項目の換算

　資産、負債をそれぞれ適用される為替レートで換算します。

資　産	レート	円換算額	負　債	レート	円換算額
現 金 預 金	119	53,550 円	買　　掛　　金	119	96,390 円
売　掛　金	119	89,250 円	長 期 借 入 金	119	87,465 円
商　　　品	121	36,300 円	減価償却累計額	118	15,930 円
備　　　品	118	159,300 円	本　　　店	120*	105,600 円

　　　　　　＊ 本店勘定はすべて本店からの送金額であるため、為替レート
　　　　　　は「本店からの送金」のものを使います。

(2)当期純利益の計算

　貸借対照表において、当期純利益を貸借差額で求めます。

(3)損益計算書項目の換算

　費用、収益をそれぞれ適用される為替レートで換算します（為替差損を除く）。
なお、当期純利益は、貸借対照表より移記します。

費　用	レート	円換算額	収　益	レート	円換算額
期首商品棚卸高	122	48,800 円	売　　上　　高	121	580,800 円
当期商品仕入高	121	496,100 円	期末商品棚卸高	121	36,300 円
減 価 償 却 費	118	15,930 円			
為　替　差　損	－	2,080 円			
その他の費用	121	21,175 円			
当 期 純 利 益	－	33,015 円			

(4)為替差損益の計算

　損益計算書において、貸借差額により求めます。

142

解答 1　　履行義務の配分　　　　　　　　　　　問　題→p42

（単位：円）

貸 借 対 照 表			損 益 計 算 書		
I　流 動 資 産			I　売　　上　　高	（ *85,000* ）	
売　　掛　　金	（ *30,000* ）		：	：	
貸 倒 引 当 金	△（ *600* ）		III　販売費及び一般管理費		
：	：		貸倒引当金繰入	（ *400* ）	
I　流 動 負 債					
契　約　負　債	（ *1,000* ）				

解説 1

1.商品販売

(1)　取引価格の配分

取引価格を、独立販売価格にもとづいて履行義務に配分します。

商品の販売：$\underset{\text{取引価格}}{\underline{6,000\,\text{円}}} \times \dfrac{5,600\,\text{円}}{1,400\,\text{円} + 5,600\,\text{円}} = 4,800\,\text{円}$

サービスの提供：$\underset{\text{取引価格}}{\underline{6,000\,\text{円}}} \times \dfrac{1,400\,\text{円}}{1,400\,\text{円} + 5,600\,\text{円}} = 1,200\,\text{円}$

(2)　履行義務の充足

①　商品の販売

商品を引渡し、顧客の検収が完了した時点（一時点）で収益を計上します。

②　サービスの提供

当期に2カ月分200円*を計上します。

＊　$1,200\,\text{円} \times \dfrac{2\,\text{カ月}}{12\,\text{カ月}} = 200\,\text{円}$

(3) 仕訳

① 取引時(×3年2月1日)

　　顧客から受取った対価のうち、**いまだ果たしていない履行義務**(サービスの提供義務)は**契約負債**[*1]として処理します。なお、商品引渡し時にA社の支払義務が確定し商品をすでに引き渡しているため、借方は売掛金とします。

　　*1　前受金とすることもあります。

(借)売　　掛　　金	6,000	(貸)売　　　　　　上	4,800
		契　約　負　債 または前受金	1,200

② 決算時(×3年3月31日)

(借)契　約　負　債	200	(貸)売　　　　上[*2]	200

*2　金額的に重要な場合には「役務収益」として処理することも考えられます。

2. 貸倒引当金の計上

(借)貸 倒 引 当 金 繰 入	400[*]	(貸)貸 倒 引 当 金	400

*　(24,000円 + 6,000円) × 2 % = 600円

　　600円 - 200円 = 400円

| 解答2 | 変動対価（リベート） | 問　題→ p43 |

（単位：円）

貸　借　対　照　表	損　益　計　算　書
Ⅰ　流　動　資　産	Ⅰ　売　　上　　高　　（ *83,800* ）
売　　掛　　金　（ *30,000* ）	：　　　　　　　：
貸 倒 引 当 金　△（ *600* ）	Ⅲ　販売費及び一般管理費
：　　　　　　：	貸倒引当金繰入　（ *400* ）
Ⅰ　流　動　負　債	
返　金　負　債　（ *200* ）	

| 解説2 |

1. 商品販売

(1) リベート（売上割戻）

　リベートとは、一定期間に多額または多量の販売をした顧客に対して行う商品代金の免除や金銭の払戻しをいいます。

　リベート（売上割戻）のうち収益の著しい減額が発生する可能性が高く、顧客に返金すると見込まれるものについては、**返金負債**として計上します。返金負債とは、顧客に返金する義務を負債として計上したものです。

(借)売　　　掛　　　金　4,000	(貸)売　　　　　　　上　3,800
	返　金　負　債　　200

　なお、実際には商品販売時に販売金額で売上計上し、期末などリベート見積り時に返金負債を計上する処理も考えられます。

① 販売時

| (借)売　　　掛　　　金　4,000 | (貸)売　　　　　　　上　4,000 |

② リベート見積り時

| (借)売　　　　　　上　200 | (貸)返　金　負　債　200 |

2. 貸倒引当金の計上

| (借)貸 倒 引 当 金 繰 入　400* | (貸)貸 倒 引 当 金　400 |

　* （26,000 円＋ 4,000 円）× 2 ％＝ 600 円

　600 円－ 200 円＝ 400 円

（単位：円）

貸 借 対 照 表			損 益 計 算 書		
Ⅰ　流 動 資 産			Ⅰ　売　　上　　高	（	*81,600* ）
売　　掛　　金	（	*15,000* ）	Ⅱ　売　上　原　価	（	*48,960* ）
貸 倒 引 当 金	△（	*300* ）	⋮		⋮
商　　　　　品	（	*10,800* ）	Ⅲ　販売費及び一般管理費		
返 品 資 産	（	*240* ）	貸倒引当金繰入	（	*200* ）
Ⅰ　流 動 負 債					
返 金 負 債	（	*400* ）			

解説3

　返品権付き販売とは、顧客に、商品を返品し支払った代金の返金を受ける権利が付与されている販売契約をいいます。返品権付き販売をしたときは、**返品による返金が見込まれる分**について売上計上せず、**返金負債**として認識します。また、**顧客から商品を回収する権利を返品資産**として認識します。

1．商品の販売

（1）　収益計上

（借）売　　　掛　　　金	2,000	（貸）売　　　　　　　　上	1,600
		返　金　負　債	400

（2）　売上原価計上

（借）売　　上　　原　　価	960[*1]	（貸）商　　　　　　　品	1,200
返　品　資　産	240[*2]		

*1　（2,000 円 − 400 円）× 60% = 960 円

*2　400 円 × 60% = 240 円

2 . 貸倒引当金の計上

| (借)貸 倒 引 当 金 繰 入 | 200* | (貸)貸 倒 引 当 金 | 200 |

* (13,000 円 + 2,000 円) × 2 % = 300 円

300 円 − 100 円 = 200 円

3 . 期末商品

売上原価対立法を採用しているため、決算整理前残高試算表の商品から販売未処理分を引いた額が期末商品となります。

12,000 円 − 1,200 円 = 10,800 円

（単位：円）

貸 借 対 照 表			損 益 計 算 書		
I　流 動 資 産			I　売　　上　　高		（ *300,000* ）
売　　掛　　金	（ *76,000* ）		⋮		⋮
貸 倒 引 当 金	△（ *3,851* ）		III　販売費及び一般管理費		
			貸倒引当金繰入		（ *351* ）
			⋮		⋮
			IV　営 業 外 収 益		
			受 取 利 息		（ *1,000* ）

解説 4

　顧客との契約に重要な金融要素（金利部分）が含まれる場合、取引価格の算定にあたっては、約束した対価の額に含まれる金利相当分の影響を調整します。具体的には、収益を現金販売価格で計上し、金利部分については受取利息として決済期日まで配分します。

1. 機械装置の販売

（借）売　　掛　　金	50,000	（貸）売　　　　　　上	50,000

2. 利息の計上

（借）売　　掛　　金	1,000*	（貸）受　取　利　息	1,000

　*　50,000 円× 2 ％ = 1,000 円

3. 貸倒引当金の計上

（借）貸 倒 引 当 金 繰 入	351*	（貸）貸 倒 引 当 金	351

　*　（25,000 円 + 52,020 円）× 5 ％ = 3,851 円

　　3,851 円 − 3,500 円 = 351 円

解答5　　　代理人取引　　　　　　　　　　　　　　問　題→ p46

（単位：円）

貸 借 対 照 表			損 益 計 算 書		
I　流 動 資 産			I　売　　上　　高		
現 金 預 金	（	*30,000*）	商 品 売 上 高	（	*100,000*）
売　掛　金	（	*100,000*）	手 数 料 収 入	（	*3,000*）
貸 倒 引 当 金	△（	*2,000*）	II　売 上 原 価	（	*70,000*）
商　　　　品	（	*50,000*）	売 上 総 利 益	（	*33,000*）
I　流 動 負 債			III　販売費及び一般管理費		
買　掛　金	（	*51,000*）	貸倒引当金繰入	（	*600*）

解説5

　他社*が顧客に対して行う商品やサービスの提供を、当社が他社から請け負っているにすぎない場合には、当社は取引の代理人に該当します。当社が取引の代理人にすぎないときは、顧客から受け取る額から他社に支払う額を引いた金額を収益として計上します。

　　＊　厳密には会社からだけでなく個人から請け負うこともありますが、便宜
　　　上、他社としています。

1.商品販売時

　　当社が取引の代理人にすぎない場合、商品の仕入・販売を行っても売上と売上原価を計上せずに、純額の手数料部分を収益に計上します。

(借)現	金	10,000	(貸)手 数 料 収 入	3,000*
			買 掛 金	7,000

　　＊　10,000 円 - 7,000 円 = 3,000 円

2.売上原価の算定

(借)仕	入	44,000	(貸)繰 越 商 品	44,000
(借)繰 越 商 品		50,000	(貸)仕 入	50,000

3.貸倒引当金の計上

(借)貸 倒 引 当 金 繰 入	600*	(貸)貸 倒 引 当 金	600

　　＊　100,000 円 × 2 % = 2,000 円
　　　　2,000 円 - 1,400 円 = 600 円

（単位：円）

貸 借 対 照 表			損 益 計 算 書		
I　流 動 資 産			I　売　　上　　高	（	*103,000* ）
現 金 預 金	（	*31,000* ）	II　売 上 原 価	（	*72,100* ）
商　　　　　品	（	*47,900* ）	売 上 総 利 益	（	*30,900* ）
⋮		⋮	⋮		⋮
I　流 動 負 債			IV　営 業 外 収 益		
契 約 負 債	（	*7,700* ）	雑　　収　　入	（	*300* ）

解説6

　当社が商品券を発行し顧客から代金を受取り、後日、顧客が商品券を提示し当社が商品を引き渡すことがあります。商品またはサービスを提供する**履行義務を充足する前に顧客から支払いを受けたときは、契約負債を計上します**。そして、履行義務を充足したときに契約負債を減少させ、収益を計上します。

1. 商品券の処理

（1）　商品券の発行

（借）現　　　　　　金　11,000	（貸）発 行 商 品 券　11,000

（2）　商品の引渡し

　　　引き渡した分について契約負債（発行商品券）から収益に振り替えます。

（借）発 行 商 品 券　3,000	（貸）売　　　　　　上　3,000

（3）　非行使部分の収益計上

　　　商品券の中には有効期限が設定されていて、その有効期限を過ぎたら失効するものがあります。

　　　また、有効期限が設定されていなくても、発行した商品券がいつまでたっても使用されないこともあります。対価を得たにもかかわらず**使用されないと見込まれる部分（権利非行使部分）について過去の実績から企業が権**

利を得ると見込む場合は、一括して収益計上せずに、**権利行使のパターン
と比例的に収益を計上**します。

　具体的には、権利非行使部分の金額に権利行使割合を掛けた金額を収益
として認識します。

収益認識額＝権利非行使部分× $\dfrac{\text{権利行使額}}{\text{権利行使見込み総額}}$

(借)発　行　商　品　券	300*	(貸)雑　　　収　　　入	300

＊　$1{,}000 \text{円} \times \dfrac{3{,}000 \text{円}}{10{,}000 \text{円}} = 300 \text{円}$

　問題文より発行商品券勘定残高 7,700 円を、貸借対照表上、契約負債とし
て表示します。

2. 売上原価の算定

(借)仕　　　　　　　　入	44,000	(貸)繰　越　商　品	44,000
(借)繰　越　商　品	47,900*	(貸)仕　　　　　　　　入	47,900

＊　$50{,}000 \text{円} - 2{,}100 \text{円} = 47{,}900 \text{円}$

イメージ図を示すと次のようになります。

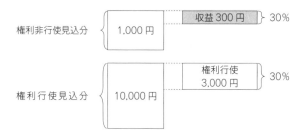

151

（単位：円）

貸　借　対　照　表			損　益　計　算　書		
I　流　動　資　産			I　売　　上　　高	（ *748,016* ）	
現　金　預　金	（ *850,000* ）		II　売　上　原　価	（ *603,200* ）	
商　　　　　品	（ *316,800* ）		売　上　総　利　益	（ *144,816* ）	
⋮	⋮				
I　流　動　負　債					
契　約　負　債	（ *6,944* ）				

解説7

　小売業やサービス業において、販売促進などを目的として顧客にポイントを付与し、顧客はポイントと交換に商品を受け取ったり、次回、商品を購入するときの購入代金にあてることがあります。これをポイント制度といいます。

　ポイント制度において、顧客に付与したポイントが重要な権利の提供と判断される場合には、ポイントによる顧客の権利を当社の履行義務として認識します。

　具体的には、ポイント付与時に**ポイント分について、商品等の引渡し義務を契約負債として計上**します。

1. ポイントの処理

　(1)　現金による売上（前期）

　　　顧客から得た対価 625,000 円を、独立販売価格の比率で商品販売分とポイント付与分に配分します[*1]。商品販売分を収益計上し、ポイント付与分を契約負債として計上します。

　　　　*1　取引価格 625,000 円は商品の価値とポイントの価値を合わせた価格と考え、収益認識にあたっては分けて把握します。

（借）現　　　　　金　625,000	（貸）売　　　　　　　　上　620,040[*2]
	契　約　負　債　　4,960[*3]

$*2$　商品への配分額：$625{,}000\,円 \times \dfrac{625{,}000\,円}{625{,}000\,円 + 5{,}000\,円}$

$= 620{,}039.68\cdots \rightarrow 620{,}040\,円$

$*3$　ポイントへの配分額：$625{,}000\,円 \times \dfrac{5{,}000\,円}{625{,}000\,円 + 5{,}000\,円}$

$= 4{,}960.31\cdots \rightarrow 4{,}960\,円$

(2)　現金による売上(当期)

(借)現		金	750,000	(貸)売			上	744,048^{*1}
				契	約	負	債	5,952^{*2}

$*1$　商品への配分額：$750{,}000\,円 \times \dfrac{750{,}000\,円}{750{,}000\,円 + 6{,}000\,円}$

$= 744{,}047.61\cdots \rightarrow 744{,}048\,円$

$*2$　ポイントへの配分額：$750{,}000\,円 \times \dfrac{6{,}000\,円}{750{,}000\,円 + 6{,}000\,円}$

$= 5{,}952.38\cdots \rightarrow 5{,}952\,円$

(3)　ポイント利用による売上

ポイントの利用に応じてポイントに係る契約負債を収益に振り替えます。

収益認識額＝ポイントへの配分額 × $\dfrac{使用ポイント}{使用見込み総ポイント}$

(借)契	約	負	債	3,968	(貸)売		上	3,968*

$*$　$4{,}960\,円 \times \dfrac{4{,}000\,ポイント}{5{,}000\,ポイント} = 3{,}968\,円$

2.商品の仕入

(借)仕		入	700,000	(貸)現		金	700,000

3.売上原価の算定

(借)仕			入	220,000	(貸)繰	越	商	品	220,000
(借)繰	越	商	品	316,800	(貸)仕			入	316,800

（単位：円）

貸 借 対 照 表			損 益 計 算 書		
Ⅰ　流 動 資 産			Ⅰ　売　上　高	（ *50,800* ）	
売 掛 金	（ *10,000*）		⋮	⋮	
契 約 資 産	（ *800*）		Ⅲ　販売費及び一般管理費		
貸 倒 引 当 金	△（ *216*）		貸倒引当金繰入	（ *16*）	

解説8

　１つの契約の中に１つの履行義務がある場合、企業が顧客に対して履行義務を充足したときに、顧客の支払義務と（企業の顧客に対する法的な債権）が発生し、売掛金を計上します。

　一方、１つの契約の中に２つの履行義務があり、２つの履行義務を充足してはじめて顧客に支払義務が発生する場合があります。

　その場合、最初の履行義務を充足したときは、顧客の支払義務（法的な債権）が発生していないため、当社では**契約資産を計上します***。

　　*　顧客に支払義務が発生していなくても、移転した商品と交換に企業が受け取る対価に対する権利は生じるため、契約資産として計上します。

1 . 商品の販売

　(1)　商品Aの引渡し時（×３年３月１日）

(借)契　　約　　資　　産	800*	(貸)売　　　　　　　　上	800

　　*　商品Aへの配分額：$2,000\,円 \times \dfrac{840\,円}{840\,円 + 1,260\,円} = 800\,円$

(2)　商品Bの引渡し時（×3年5月1日）**参考**

　　商品Aと商品Bの両方の引渡しにより顧客に支払義務が発生するため、商品Aに係る契約資産を売掛金に振り替えます。

　　また、商品Bについて収益と売掛金の計上を行います。

| (借)売　　掛　　金 | 2,000 | (貸)契　約　資　産 | 800 |
| | | 売　　　　上 | 1,200* |

＊　商品Bへの配分額：$2,000\text{円} \times \dfrac{1,260\text{円}}{840\text{円}+1,260\text{円}} = 1,200\text{円}$

2.貸倒引当金の計上

| (借)貸 倒 引 当 金 繰 入 | 16* | (貸)貸 倒 引 当 金 | 16 |

＊　$(10,000\text{円}+800\text{円}) \times 2\% = 216\text{円}$

　　$216\text{円}-200\text{円}=16\text{円}$

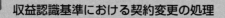

収益認識基準における契約変更の処理

研究

取引の契約を締結した後に、契約の範囲や価格を変更した場合、これまでは明確な取り扱いはありませんでした。しかし、収益認識基準では、主に次の3つの場合に分けて処理します。

(1)契約変更を、既存の契約とは別個の独立した契約として処理する場合

例　商品120個を1個当たり100円で掛けで販売する契約を締結し、120個のうち50個を得意先に引き渡した。その後、追加で30個の注文があり、1個当たり90円で販売する契約を締結した。別個の独立した契約として処理する。

① 50個引渡し時

(借)売	掛	金	5,000	(貸)売		上	5,000

② 70個引渡し時

(借)売	掛	金	7,000	(貸)売		上	7,000

③ 30個引渡し時

(借)売	掛	金	2,700	(貸)売		上	2,700

(2)既存の契約をいったん解約して、新たに契約を締結したと仮定して処理する場合

例　商品120個を1個当たり100円で掛けで販売する契約を締結し、120個のうち50個を得意先に引き渡した。その後、引き渡した商品のうち30個に品質に問題があることが判明し、追加で30個注文があり、追加分については1個当たり80円で販売する契約を締結した。新たに契約を締結したと仮定して処理する。

① 50 個引渡し時

| (借) 売 | 掛 | 金 | 5,000 | (貸) 売 | 上 | 5,000 |

② 70 個引渡し時

　未引渡しの 70 個と 30 個の合計 100 個の契約を新たに締結したと考え、**加重平均単価をもとに収益の額を計算**します。

| (借) 売 | 掛 | 金 | 6,580* | (貸) 売 | 上 | 6,580 |

*　(@ 100 円 × 70 個 + @ 80 円 × 30 個) ÷ (70 個 + 30 個) = @ 94 円
　　@ 94 円 × 70 個 = 6,580 円

③ 30 個引渡し時

| (借) 売 | 掛 | 金 | 2,820* | (貸) 売 | 上 | 2,820 |

*　@ 94 円 × 30 個 = 2,820 円

(3)契約変更を既存の契約の一部であると仮定して処理する場合

| 既存の契約 | 契約変更 |

　この例としては工事契約における請負価額の変更などがあります。例えば、原材料費の高騰により工事原価見積額の増加に合わせて請負価額を増額した場合、変更後の請負価額と工事原価見積額をもとに、工事収益の金額を計算します。

(3)はこれまで本試験で出題されていますが、将来的には(2)の出題も考えられます。

(1) 進捗度にもとづき収益を認識する場合　（単位：万円）

	×１年度	×２年度	×３年度
工事収益	3,900	1,560	1,040
工事原価	3,000	1,200	800
工事利益	900	360	240

(2) 原価回収基準により収益を認識する場合　（単位：万円）

	×１年度	×２年度	×３年度
工事収益	3,000	1,200	2,300
工事原価	3,000	1,200	800
工事利益	0	0	1,500

解説1

1. 進捗度にもとづき収益を認識する場合

工事の進行状況に応じて収益を工事期間の各期に計上します。

×１年度の工事収益：$6,500\,万円 \times \dfrac{3,000\,万円}{5,000\,万円} = 3,900\,万円$

×２年度の工事収益：$6,500\,万円 \times \dfrac{3,000\,万円 + 1,200\,万円}{5,000\,万円} - 3,900\,万円$

$= 1,560\,万円^{*1}$

*1　$6,500\,万円 \times \dfrac{1,200\,万円}{5,000\,万円} = 1,560\,万円$としても計算結果は同じとなります が、見積工事原価総額の修正があった場合には正しく計算されないので、上記の形で覚えましょう。

×３年度の工事収益：$6,500\,万円 - (3,900\,万円 + 1,560\,万円) = 1,040\,万円^{*2}$

*2　最終年度は差額で計算します。

2.原価回収基準により収益を認識する場合

　原価回収基準とは、履行義務を充足するさいに発生する費用のうち、回収することが見込まれる費用の金額で収益を認識する方法をいいます。

　×1年度・×2年度

　　工事原価と同額の工事収益を計上します。

　×3年度

　　工事を完成・引き渡した期に残りの工事収益を計上します。

　　6,500万円 − 3,000万円 − 1,200万円 = 2,300万円

　　原価回収基準では工事収益の金額は各期に配分されますが、工事利益は工事を完成・引き渡した期に全額計上されます。

（単位：千円）

	×1年度	×2年度	×3年度
(1)の工事利益	*29,100*	*33,000*	*18,900*
(2)の工事利益	*0*	*62,100*	*18,900*

解説2

1. 進捗度にもとづき収益を認識する場合

(1)　×1年度

工事収益：270,000 千円 × 0.33^{*1} = 89,100 千円

工事利益：89,100 千円 − 60,000 千円 = 29,100 千円

$*1$　工事進捗度：$\dfrac{\text{実際工事原価の累計額}}{\text{見積工事原価総額}} = \dfrac{60,000\text{ 千円}}{180,000\text{ 千円}}$

　　　　≒ 0.33（小数点第3位四捨五入）

(2)　×2年度

工事収益：270,000 千円 × 0.73^{*2} − 89,100 千円 = 108,000 千円

工事利益：108,000 千円 − 75,000 千円 = 33,000 千円

$*2$　$\dfrac{60,000\text{ 千円} + 75,000\text{ 千円}}{186,000\text{ 千円}} ≒ 0.73$

(3)　×3年度

工事収益：270,000 千円 − (89,100 千円 + 108,000 千円) = 72,900 千円

工事利益：72,900 千円 − 54,000 千円 = 18,900 千円

2.原価回収基準により収益を認識する場合

　×1年度

　　工事原価と同額の工事収益を計上します。よって工事利益はゼロとなります。

　×2年度

　　進捗度を見積もることができるようになった時点より、進捗度にもとづき工事収益を計上します。

　　工事収益：270,000千円× 0.73 － 60,000千円 = 137,100千円

　　工事利益：137,100千円 － 75,000千円 = 62,100千円

　×3年度

　　残りの工事収益を計上します。

　　工事収益：270,000千円 － 60,000千円 － 137,100千円 = 72,900千円

　　工事利益：72,900千円 － 54,000千円 = 18,900千円

問1

（単位：千円）

	×1年度	×2年度	×3年度
完 成 工 事 高	252,000	450,000	198,000
完 成 工 事 原 価	189,000	360,900	158,700
完 成 工 事 総 利 益	63,000	89,100	39,300

問2

（単位：千円）

	×1年度	×2年度	×3年度
契　約　資　産	0	102,000	0
契　約　負　債	48,000	0	0
完成工事未収入金	0	0	100,000

解説3

(1)　工事利益の算定

①　×1年度

完成工事高：$900,000\ 千円 \times \dfrac{189,000\ 千円}{675,000\ 千円^{*}} - 252,000\ 千円$

完成工事総利益：$252,000\ 千円 - 189,000\ 千円 = 63,000\ 千円$

＊　$189,000\ 千円 + 486,000\ 千円 = 675,000\ 千円$

イ　入金時

(借)当　座　預　金	300,000	(貸)契　約　負　債	300,000

ロ　決算時

(借)契　約　負　債	252,000	(貸)完　成　工　事　高	252,000

契約負債残高：$300,000\ 千円 - 252,000\ 千円 = 48,000\ 千円$

② ×2年度

完成工事高：$900,000 \, \text{千円} \times \dfrac{189,000 \, \text{千円} + 360,900 \, \text{千円}}{705,000 \, \text{千円}^{*1}} - 252,000 \, \text{千円}$

$\qquad\qquad = 450,000 \, \text{千円}$

*1　$189,000 \, \text{千円} + 360,900 \, \text{千円} + 155,100 \, \text{千円} = 705,000 \, \text{千円}$

　　見積工事原価総額が変わっている点に注意してください。

完成工事総利益：$450,000 \, \text{千円} - 360,900 \, \text{千円} = 89,100 \, \text{千円}$

イ　入金時

(借)当　座　預　金	300,000	(貸)契　約　負　債	300,000

ロ　決算時

契約負債減少額：$48,000 \, \text{千円} + 300,000 \, \text{千円} = 348,000 \, \text{千円}$

(借)契　約　負　債	348,000	(貸)完　成　工　事　高	450,000
契　約　資　産	102,000		

③ ×3年度*2

完成工事高：$900,000 \, \text{千円} - (252,000 \, \text{千円} + 450,000 \, \text{千円})$

$\qquad\qquad = 198,000 \, \text{千円}$

完成工事総利益：$198,000 \, \text{千円} - 158,700 \, \text{千円} = 39,300 \, \text{千円}$

*2　残りの収益を計上します。

イ　入金時

(借)当　座　預　金	200,000	(貸)契　約　負　債	200,000

ロ　決算時

完成工事未収入金：$900,000 \, \text{千円} - 300,000 \, \text{千円} - 300,000 \, \text{千円}$

$\qquad\qquad\qquad\quad - 200,000 \, \text{千円} = 100,000 \, \text{千円}$

(借)契　約　負　債	200,000	(貸)完　成　工　事　高	198,000
完成工事未収入金	100,000	契　約　資　産	102,000

なお、以下の仕訳も考えられます。

イ　入金時

(借)当　座　預　金	200,000	(貸)契　約　資　産	102,000
		契　約　負　債	98,000

ロ　決算時

(借)契　約　負　債	98,000	(貸)完　成　工　事　高	198,000
完成工事未収入金	100,000		

（単位：円）

	×2年度	×3年度
完 成 工 事 高	*4,400*	*5,500*
完 成 工 事 原 価	*5,500*	*5,500*
工 事 損 失 引 当 金	*500*	*0*

解説4

1．×1年度

(借)契　約　資　産	1,100*	(貸)完 成 工 事 高	1,100
(借)完 成 工 事 原 価	1,000	(貸)未 成 工 事 支 出 金	1,000

＊　$11,000 \text{円} \times \dfrac{1,000 \text{円}}{10,000 \text{円}} = 1,100 \text{円}$

2．×2年度

(1)工事収益の計上

(借)契　約　資　産	4,400*	(貸)完 成 工 事 高	4,400

＊　$11,000 \text{円} \times \dfrac{1,000 \text{円} + 5,000 \text{円}}{12,000 \text{円}} - 1,100 \text{円} = 4,400 \text{円}$

(2)工事原価の計上

(借)完 成 工 事 原 価	5,000	(貸)未 成 工 事 支 出 金	5,000

(3)工事損失引当金の計上

> 工事損失引当金
> ①見積総工事損失＝工事収益総額－工事原価総額
> ②当期までに計上された損失
> ③工事損失引当金＝見積総工事損失－当期までに計上された損失

　工事損失引当金は、投資額を回収できない場合に、将来に損失を繰延べないために計上します。

(借)完 成 工 事 原 価	500*	(貸)工 事 損 失 引 当 金	500

＊　見積総工事損失：$11,000 \text{円} - 12,000 \text{円} = \triangle 1,000 \text{円}$

当期末までに計上された損失

前期：1,100円 − 1,000円 = 100円（利益）

当期：4,400円 − 5,000円 = △600円（損失）　合計：100円 + △600円 = △500円

将来の損失：1,000円 − 500円 = 500円

完成工事原価：5,000円 + 500円 = 5,500円

3．×3年度

⑴工事収益の計上

(借)完 成 工 事 未 収 入 金	11,000	(貸)完 　成 　工 　事 　高	5,500*
		契 　約 　資 　産	5,500

＊　11,000円 − 1,100円 − 4,400円 = 5,500円

⑵工事原価の計上

(借)完 成 工 事 原 価	6,000	(貸)未 成 工 事 支 出 金	6,000

⑶工事損失引当金の取崩し

(借)工 事 損 失 引 当 金	500	(貸)完 成 工 事 原 価	500

完成工事原価：6,000円 − 500円 = 5,500円

解答1　　委託販売 - *1*　　　　　　　　　　　　　　　　　問　題→ p54

損　益　計　算　書　　　　　（単位：円）

Ⅰ売　　上　　高
 1．一　般　売　上　（　　*200,000*　）
 2．積 送 品 売 上　（　　　*74,800*　）　（　　*274,800*　）
Ⅱ売　上　原　価
 1．期首商品棚卸高　（　　　*50,000*　）
 2．当期商品仕入高　（　　*205,000*　）
 　　合　　　　計　（　　*255,000*　）
 3．期末商品棚卸高　（　　　*54,000*　）　（　　*201,000*　）
 　　売 上 総 利 益　　　　　　　　　　（　　　*73,800*　）

解説1

手許商品と積送品の流れを示すボックス図と仕入勘定を用意します。

期末一括法なので、この金額が残高試算表
85,000 円と一致します。

仕　　入

Ⓐ 積送品ボックス　売上原価　74,800 円÷ 1.1 × 0.75 ＝ 51,000 円
Ⓑ 積送品ボックス　期末積送品　85,000 円－Ⓐ51,000 円＝ 34,000 円
Ⓒ 当期から委託販売を開始しているため 0 円となります。
Ⓓ 仕入勘定　通常の仕入　85,000 円＋ 120,000 円＝ 205,000 円

解答2 委託販売 - 2 問 題→ p55

損 益 計 算 書　　　（単位：円）

Ⅰ売　　上　　高
　1.一　般　売　上　（　624,000　）
　2.積　送　品　売　上　（　239,200　）　（　863,200　）
Ⅱ売　上　原　価
　1.期首商品棚卸高　（　172,000　）
　2.当期商品仕入高　（　618,000　）
　　　合　　　　計　（　790,000　）
　3.期末商品棚卸高　（　166,000　）　（　624,000　）
　　売 上 総 利 益　　　　　　　　　（　239,200　）
Ⅲ販売費及び一般管理費
　　積　送　諸　掛　　　　　　　　　（　23,376　）
　　営　業　利　益　　　　　　　　　（　215,824　）

貸 借 対 照 表　　　　（単位：円）

商　　　　品　（　166,000　）
繰 延 積 送 諸 掛　（　384　）

手許商品と積送品の流れを示すボックス図と仕入勘定を用意します。

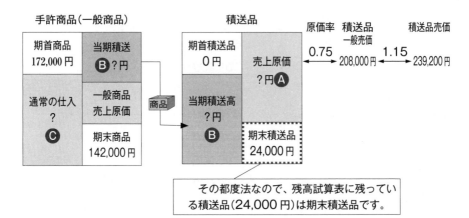

その都度法なので、残高試算表に残っている積送品（24,000円）は期末積送品です。

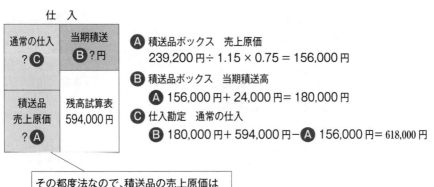

Ⓐ 積送品ボックス　売上原価
239,200円÷1.15×0.75＝156,000円

Ⓑ 積送品ボックス　当期積送高
Ⓐ 156,000円＋24,000円＝180,000円

Ⓒ 仕入勘定　通常の仕入
Ⓑ 180,000円＋594,000円−Ⓐ 156,000円＝618,000円

その都度法なので、積送品の売上原価は仕入勘定に振り替えられています。

　積送諸掛（保管料2,880円、手数料20,880円）が発生しており、このうち、保管料は、当期に積送した全商品に対するものです。したがって、保管料2,880円については、販売分と未販売分に分ける必要があります。

当期の積送諸掛の計算

保管料の未販売分の繰り延べ計算

$$\underset{(保管料)}{2,880\,円} \times \dfrac{\underset{(期末積送品)}{24,000\,円}}{\underset{(当期積送高)}{180,000\,円}} = 384\,円 \;\;\rightarrow 繰延積送諸掛勘定で次期に繰延べ$$

B/S 流動資産

$$\underset{(保管料)}{2,880\,円} \times \dfrac{\underset{(売上原価)}{156,000\,円}}{\underset{(当期積送高)}{180,000\,円}} + \underset{(手数料)}{20,880\,円} = 23,376\,円 \;\;\rightarrow 当期の積送諸掛$$

（積送諸掛勘定）

P/L 販売費及び

一般管理費

研究　継続記録法と棚卸計算法

棚卸資産のうち、当期に払い出した（販売した）分は費用（売上原価）となり、期末に残った分は資産（商品）となります。そして、棚卸資産の金額の計算は、単価計算と数量計算から行います。

1　単価計算

　棚卸資産を当期にいくらで払い出したかという払出単価の計算方法には、先入先出法や平均原価法（総平均法と移動平均法）などがあります。

2　数量計算

　数量計算の方法には、**継続記録法**と**棚卸計算法**があります。

(1)継続記録法

　継続記録法とは、商品有高帳などの帳簿の記録にもとづいて、払出数量と期末数量を計算する方法です。総合問題で出る「期末商品帳簿棚卸高」とはこのことです。

(2)棚卸計算法

　棚卸計算法とは、期末に実地棚卸を行い期末数量を把握するとともに、期首数量と当期仕入数量から期末数量を引いて、間接的に払出数量を計算する方法です。

　実際は、継続記録法を採用しながら期末に実地棚卸を行い、棚卸減耗損と売上原価を区別しています。

損益計算書　　　　　　　（単位：円）

I 売　　上　　高
　1. 一　般　売　上　　　　　　（　　148,750　）
　2. 試 用 品 売 上　　　　　　（　　34,500　）（　183,250　）
II 売　上　原　価
　1. 期首商品棚卸高
　　(1)手　許　商　品　（　　3,000　）
　　(2)試　　用　　品　（　　3,000　）（　　6,000　）
　2. 当期商品仕入高　　　　　　（　149,000　）
　　　合　　　　計　　　　　　（　155,000　）
　3. 期末商品棚卸高
　　(1)手　許　商　品　（　　4,000　）
　　(2)試　　用　　品　（　　8,000　）（　12,000　）（　143,000　）
　　　売 上 総 利 益　　　　　　　　　　　　　（　　40,250　）

解説3

　試用販売は、その都度法で処理を行っています。また、「一般販売の15%増しの売価を設定している」とあります。この2つの点をしっかりおさえて問題に取り組みましょう。

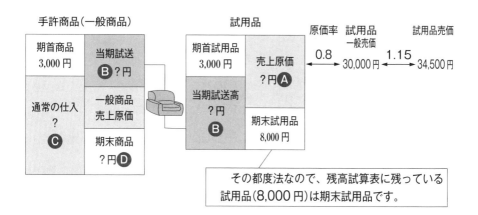

手許商品（一般商品）

期首商品 3,000 円	当期試送 **B** ?円
通常の仕入 ? **C**	一般商品 売上原価
	期末商品 ?円 **D**

試用品

| 期首試用品 3,000 円 | 売上原価 ?円 **A** |
| 当期試送高 ?円 **B** | 期末試用品 8,000 円 |

原価率 0.8 → 試用品 一般売価 30,000 円 1.15 → 試用品売価 34,500 円

> その都度法なので、残高試算表に残っている試用品（8,000 円）は期末試用品です。

仕　入

| 通常の仕入 ? **C** | 当期試送 **B** ?円 |
| 試用品 売上原価 ? **A** | 残高試算表 144,000 円 |

A 試用品ボックス　売上原価
34,500 円 ÷ 1.15 × 0.8 = 24,000 円

B 試用品ボックス　当期試送高
A 24,000 円 + 8,000 円 − 3,000 円 = 29,000 円

C 仕入勘定　通常の仕入
B 29,000 円 + 144,000 円 − **A** 24,000 円 = 149,000 円

D 手許商品ボックス　期末商品
3,000 円 + **C** 149,000 円 − **B** 29,000 円 − 119,000 円* = 4,000 円
　　　　　　　　　　　　　　　　　一般商品売上原価

＊ 148,750 円 × 0.8 = 119,000 円

> その都度法なので、試用品の売上原価は仕入勘定に振り替えられています。

	損 益 計 算 書	（単位：円）
I 売　上　高		
1　一般売上高	(　1,000　)	
2　未着品売上高	(　600　)	(　1,600　)
II 売　上　原　価		
1　期首商品棚卸高	(　330　)	
2　当期商品仕入高	(　1,400　)	
合　　　計	(　1,730　)	
3　期末商品棚卸高	(　450　)	(　1,280　)
売上総利益		(　320　)

解説4

(1) 未着品売買（期中処理済み）

①船荷証券の受取り

(借)未　　着　　品	500	(貸)買　　掛　　金	500

②船荷証券の転売

(借)売　　掛　　金	600	(貸)未　着　品　売　上	600
(借)仕　　　　　入	480	(貸)未　　着　　品	480

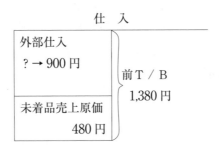

仕　入

外部仕入
?→900円

前 T／B
1,380円

未着品売上原価
480円

(2) 売上原価の計算

(借)仕			入	150	(貸)繰	越	商	品	150
(借)繰	越	商	品	250	(貸)仕			入	250

　損益計算書の当期商品仕入高は、手許商品の外部仕入高と、船荷証券の当期受取高の合計となります。

未着品

期首 180 円	転売 480 円
当期受取り 500 円	
	期末 200 円

手許商品

期首 150 円	売上原価 800 円
当期仕入 900 円	
	期末 250 円

　P／L　当期商品仕入高：500 円 + 900 円 = 1,400 円

(1) 定額法によった場合 (単位：千円)

	×2年3月期	×3年3月期	×4年3月期
割　賦　売　上	6,345	0	0
売　上　原　価	5,076	0	0
受　取　利　息	85	85	85
割　賦　売　掛　金	4,230	2,115	0

(2) 利息法によった場合 (単位：千円)

	×2年3月期	×3年3月期	×4年3月期
割　賦　売　上	6,345	0	0
売　上　原　価	5,076	0	0
受　取　利　息	127	85	43
割　賦　売　掛　金	4,272	2,157	0

解説5

1. 定額法による場合

　定額法では、利息の総額を支払期間にわたって均等に配分し、支払利息を計算します。

(1) ×1年4月1日

　商品引渡し時に、現金正価で割賦売上を計上します。

(借)割　賦　売　掛　金	6,345	(貸)割　賦　売　上	6,345

(2) ×2年3月31日

　利息総額のうち当期分を受取利息として計上します。

(借)当　座　預　金	2,200	(貸)割　賦　売　掛　金	2,200
(借)割　賦　売　掛　金*1	85	(貸)受　取　利　息	85*2

*1　借方と貸方の割賦売掛金を相殺しても可。
　　(借)当　座　預　金　　2,200　(貸) 割賦売掛金　　2,115
　　　　　　　　　　　　　　　　　　　　 受 取 利 息　　　　85

*2　(6,600千円 - 6,345千円) ÷ 3年 = 85千円

174

(3)　×3年3月31日

| (借)当　座　預　金 | 2,200 | (貸)割　賦　売　掛　金 | 2,200 |
| (借)割　賦　売　掛　金 | 85 | (貸)受　取　利　息 | 85 |

(4)　×4年3月31日

| (借)当　座　預　金 | 2,200 | (貸)割　賦　売　掛　金 | 2,200 |
| (借)割　賦　売　掛　金 | 85 | (貸)受　取　利　息 | 85 |

2. 利息法による場合

　利息法では、割賦代金の未回収元本残高(割賦売掛金残高)に利子率を掛けて、支払利息を計算します。

(1)　×1年4月1日

| (借)割　賦　売　掛　金 | 6,345 | (貸)割　賦　売　上 | 6,345 |

(2)　×2年3月31日

利息総額のうち当期分を受取利息として計上します。

| (借)当　座　預　金 | 2,200 | (貸)割　賦　売　掛　金^{*1} | 2,200 |
| (借)割　賦　売　掛　金^{*1} | 127 | (貸)受　取　利　息 | 127^{*2} |

*1　借方と貸方の割賦売掛金を相殺しても可。
　　(借)　当 座 預 金　2,200　(貸)　割賦売掛金　2,073
　　　　　　　　　　　　　　　　　　受 取 利 息　　127

*2　6,345千円 × 2% = 126.9 → 127千円

(3)　×3年3月31日

| (借)当　座　預　金 | 2,200 | (貸)割　賦　売　掛　金 | 2,200 |
| (借)割　賦　売　掛　金 | 85 | (貸)受　取　利　息 | 85* |

*　前期元本返済額:2,200千円 − 127千円 = 2,073千円
　(6,345千円 − 2,073千円) × 2% = 85.44 → 85千円

(4)　×4年3月31日

| (借)当　座　預　金 | 2,200 | (貸)割　賦　売　掛　金 | 2,200 |
| (借)割　賦　売　掛　金 | 43 | (貸)受　取　利　息 | 43* |

*　前期元本返済額:2,200千円 − 85千円 = 2,115千円
　最終年度は元本返済額から先に計算し、利息を差額で計算します。
　当期元本返済額:6,345千円 − 2,073千円 − 2,115千円 = 2,157千円
　受取利息:2,200千円 − 2,157千円 = 43千円

損 益 計 算 書　　　（単位：円）

Ⅰ　売　　上　　高
 1　一 般 売 上 高　　（　537,500　）
 2　割 賦 売 上 高　　（　500,000　）（　1,037,500　）
Ⅱ　売　上　原　価
 1　期首商品棚卸高　　（　150,000　）
 2　当期商品仕入高　　（　825,000　）
  合　　　　計　　（　975,000　）
 3　期末商品棚卸高　　（　145,000　）（　830,000　）
  売 上 総 利 益　　　　　　　　　　（　207,500　）
Ⅲ　販売費及び一般管理費
 1　戻 り 商 品 損 失　（　85,000　）
 2　貸倒引当金繰入　　（　4,180　）（　89,180　）
  営 業 利 益　　　　　　　　　　　　（　118,320　）
Ⅳ　営 業 外 収 益
 1　受 取 利 息　　　　　　　　　　　（　19,000　）
  経 常 利 益　　　　　　　　　　　　（　137,320　）

解説6

1. 戻り商品の処理

 (1)　当期分

  ①　割賦売掛金の回収

(借)現　金　預　金	11,000	(貸)割　賦　売　掛　金	11,000
(借)割　賦　売　掛　金	1,000*	(貸)受　取　利　息	1,000

 *　（55,000 円 − 50,000 円）÷ 5 回 = 1,000 円

②貸倒れ

　割賦売掛金を減らすとともに、取り戻した商品の評価額を戻り商品勘定に
計上し、差額を戻り商品損失とします。

| (借)戻　　り　　商　　品 | 10,000 | (貸)割　賦　売　掛　金 | 40,000 |
| 戻　り　商　品　損　失 | 30,000* | | |

＊　40,000円 − 10,000円 = 30,000円

(2)　前期分

　割賦売掛金をおよび貸倒引当金を減らすとともに、取り戻した商品の評価
額を戻り商品勘定に計上し、差額を戻り商品損失とします。

(借)戻　　り　　商　　品	15,000	(貸)割　賦　売　掛　金	80,000
貸　倒　引　当　金	10,000		
戻　り　商　品　損　失	55,000*		

＊　80,000円 − 15,000円 − 10,000円 = 55,000円

2.売上原価の算定

戻り商品が期末に未販売のため、期末商品に含めます。

(借)仕　　　　　　入	25,000	(貸)戻　　り　　商　　品	25,000
(借)仕　　　　　　入	150,000	(貸)繰　越　商　品	150,000
(借)繰　越　商　品	145,000*	(貸)仕　　　　　　入	145,000

＊　120,000円 + 10,000円 + 15,000円 = 145,000円

3.貸倒引当金の計上

| (借)貸倒引当金繰入 | 4,180 | (貸)貸　倒　引　当　金 | 4,180 |

　割賦代金の未回収分に対する貸倒引当金の設定についてはいくつかの計算方
法が考えられるため、本試験では問題文の指示に従って解答するようにしてく
ださい。

解答 1　　　総記法　　　　　　　　　　　　　　問　題→ p60

（単位：円）

借 方 科 目	金　額	貸 方 科 目	金　額
商　　　　品	25,600	商 品 売 買 益	25,600

決算整理後残高試算表　　　（単位：円）

商　　　　品　（　　9,600 ）|（**商 品 売 買 益**）（　25,600 ）

損 益 計 算 書　　　　（単位：円）

Ⅰ売　　上　　高　　　　　　　　　　（　128,000 ）

Ⅱ売　上　原　価

　1.期首商品棚卸高　　　（　　8,000 ）

　2.当期商品仕入高　　　（　104,000 ）

　　合　　　　　計　　　（　112,000 ）

　3.期末商品棚卸高　　　（　　9,600 ）　　　（　102,400 ）

　　売 上 総 利 益　　　　　　　　　　（　25,600 ）

解説 1

A　商品売買益：決算整理前残高試算表の商品勘定の貸方に期末商品（期末帳簿
棚卸高）を加え、商品売買益を求めます。

$\underset{\text{前T/B残高}}{16,000\,円} + \underset{\text{期末商品}}{9,600\,円} = 25,600\,円$

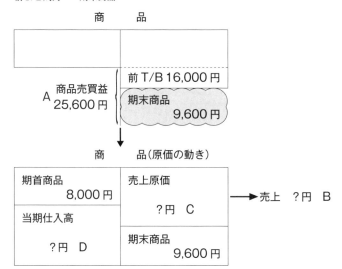

B　売上高：商品売買益を利益率で割ることで売上高を求めます。

$\underset{\text{商品売買益}}{25,600\,円} \div \underset{\text{利益率}}{(1 - 80\%)} = 128,000\,円$

C　売上原価：売上高から商品売買益を差し引いて求めます。

$128,000\,円 - 25,600\,円 = 102,400\,円$

または

$128,000\,円 \times \underset{\text{原価率}}{80\%} = 102,400\,円$

D　当期仕入高：差し引き

$102,400\,円 + 9,600\,円 - 8,000\,円 = 104,000\,円$

（単位：円）

貸 借 対 照 表	損 益 計 算 書
Ⅰ　流 動 資 産	Ⅳ　営業外収益
買建オプション　　（　**320**）	オプション差益　　（　**120**）

解説2

(1)決算時

(借)買 建 オ プ シ ョ ン	120*	(貸)オ プ シ ョ ン 差 損 益	120

* 320円 − 200円 = 120円

解答3	貸付金の譲渡	問　題→ p62

（単位：円）

貸 借 対 照 表		損 益 計 算 書	
I　流 動 資 産		VI　特 別 利 益	
現 金 預 金	(**50,000**)	貸付金売却益	(**3,600**)
買 戻 権	(**4,000**)		
未 収 収 益	(**1,600**)		
I　流 動 負 債			
リ コ ー ス 義 務	(**6,000**)		

解説3

⑴貸付金の帳簿価額の配分

　貸付金の帳簿価額を、消滅部分の時価と残存部分の時価の割合で按分します。

> 消滅部分の帳簿価額：帳簿価額 × $\dfrac{消滅部分の時価}{消滅部分の時価＋残存部分の時価}$
>
> 残存部分の帳簿価額：帳簿価額 × $\dfrac{残存部分の時価}{消滅部分の時価＋残存部分の時価}$

①残存部分の処理

　残存部分を貸付金勘定から「回収サービス業務資産」勘定（資産）に振替えます。

②消滅部分の処理

　貸付金の譲渡により新たに発生した資産（金銭と買戻権）、負債（リコース義務）を譲渡時の時価により計上し、この時価（純額）と、消滅部分に対応する帳簿価額との差額を貸付金売却益（または貸付金売却損）として処理します。

　消滅部分の時価：20,000円 ＋ 4,000円 － 6,000円 ＝ 18,000円
　　　　　　　　　現金収入　　買戻権　　リコース義務

　消滅部分の時価は、譲渡により新たに発生した資産の時価から新たに発生した負債の時価を引いた純額とします。

$$\text{残存部分:} \underset{\text{貸付金簿価}}{16,000\,円} \times \dfrac{\underset{\text{残存時価}}{2,000\,円}}{\underset{\text{消滅時価}}{18,000\,円} + \underset{\text{残存時価}}{2,000\,円}} = 1,600\,円$$

$$\text{消滅部分:} \underset{\text{貸付金簿価}}{16,000\,円} \times \dfrac{\underset{\text{消滅時価}}{18,000\,円}}{\underset{\text{消滅時価}}{18,000\,円} + \underset{\text{残存時価}}{2,000\,円}} = 14,400\,円$$

⑵残存部分の処理

(借)回収サービス業務資産	1,600	(貸)短 期 貸 付 金	1,600

⑶　消滅部分の処理

$$\text{貸付金売却益:} \underset{\text{時　価}}{18,000\,円} - \underset{\text{帳簿価額}}{14,400\,円} = 3,600\,円$$

(借)現　　　　　金	20,000	(貸)短 期 貸 付 金	14,400
買　戻　権	4,000	リ コ ー ス 義 務	6,000
		貸 付 金 売 却 益	3,600

上記の2つの仕訳を合わせると、次のようになります。

(借)現　　　　　金	20,000	(貸)短 期 貸 付 金	16,000
買　戻　権	4,000	リ コ ー ス 義 務	6,000
回収サービス業務資産	1,600	貸 付 金 売 却 益	3,600

問　題→ p63

解答4　有価証券の保有目的の変更

損　益　計　算　書　　（単位：円）

Ⅳ　営　業　外　収　益

有価証券評価益　　　（　　　*1,200*　）

Ⅵ　特　別　利　益

投資有価証券評価益　（　　　*500*　）

貸　借　対　照　表　　（単位：円）

Ⅰ　流　動　資　産

有　価　証　券　　　（　　　*7,700*　）

Ⅱ　固　定　資　産

(3)投資その他の資産

投　資　有　価　証　券　（　　　*11,200*　）

関　係　会　社　株　式　（　　　*85,000*　）

Ⅱ　評価・換算差額等

その他有価証券評価差額金　（　　　*200*　）

解説4

⑴A社株式　売買目的有価証券 → その他有価証券への変更

原則的処理により変更「前」の保有目的区分に従います。

①保有目的変更

| (借)その他有価証券 | 11,000 | (貸)売買目的有価証券 | 10,000 |
| | | 有価証券評価損益 | 1,000 |

②決算時

| (借)その他有価証券 | 200 | (貸)その他有価証券評価差額金 | 200 |

その他有価証券評価差額金：11,200円 － 11,000円 ＝ 200円

⑵C社株式　その他有価証券 → 売買目的有価証券への変更

例外的処理により変更「後」の保有目的区分に従います。

①保有目的変更

(借)売買目的有価証券	7,500	(貸)その他有価証券	7,000
		投資有価証券評価損益	500

②決算時

(借)売買目的有価証券	200	(貸)有価証券評価損益	200

有価証評価損益：7,700円 − 7,500円 = 200円

(3) D社株式　その他有価証券 → 子会社株式への変更

例外的処理により変更「後」の保有目的区分に従います。

①保有目的変更

(借)子 会 社 株 式	70,000	(貸)仮　　払　　金	70,000
(借)子 会 社 株 式	15,000	(貸)そ の 他 有 価 証 券	15,000

②決算時

「仕訳なし」

有価証券の保有目的の変更をまとめると、次のとおりです。

変　更　前	変　更　後	①振替価額	②振替時の評価差額
売買目的有価証券	関係会社株式	振替時の時価	有価証券評価損益
	その他有価証券		
満期保有目的債券	売買目的有価証券	振替時の償却原価	―
	その他有価証券		
関 係 会 社 株 式	売買目的有価証券	振替時の簿価	―
	その他有価証券		
そ の 他 有 価 証 券	売買目的有価証券	振替時の時価	(例外)投資有価証券評価損益
	関係会社株式	(例外)振替時の簿価※	―

※「その他」から「関係」の場合で、前期末に部分純資産直入法による評価損を計上
　しているときは「前期末時価」

　P / L有価証券評価益：1,000円 + 200円 = 1,200円
　　　　　　　　　　　 A社株式分　C社株式分

　B / S有価証券：7,700円
　　　　　　　　 C社株式時価

　B / S投資有価証券：11,200円
　　　　　　　　　　 A社株式時価

　B / S関係会社株式：15,000円 + 70,000円 = 85,000円
　　　　　　　　　　 D社株式簿価　D社株式追加

解答 1　事業分離（連結）　　　　　　　　　　　　問　題→ p64

問1　個別上

(1)P社

S社株式　| 18,000 |円

問2　連結上

みなし投資額　| 7,560 |円

の　れ　ん　| 180 |円

みなし移転事業額　| 7,560 |円

資本剰余金増加額　| 360 |円

(2)S社

資本金　| 18,000 |円

既存事業持分増加額　| 7,380 |円

移転事業持分減少額　| 7,200 |円

連結貸借対照表
×1年3月31日　　　　　　　　（単位：円）

諸　　資　　産	(	119,100)	諸　　負　　債	(	40,800)
の　れ　ん	(	180)	資　　本　　金	(	42,000)
			資 本 剰 余 金	(	360)
			利 益 剰 余 金	(	24,000)
			非支配株主持分	(	12,120)
	(	119,280)		(	119,280)

解説1

1. 個別上の仕訳

(1)分離元企業(P社)

分離先企業が子会社となるため投資の継続と考え、簿価を株式の取得原価とします。

(借)乙 事 業 負 債	12,000	(貸)乙 事 業 資 産	30,000
S 社 株 式	18,000		

(2)分離先企業(S社)

事業を取得した会社が支配されているため逆取得に該当し、簿価で計上します。

(借)乙 事 業 資 産	30,000	(貸)乙 事 業 負 債	12,000
		資 本 金	18,000

2. 連結修正仕訳

(1)既存の事業の仕訳

①子会社の資産の評価替え

(借)諸 資 産	900*	(貸)評 価 差 額	900

* 23,100 円 – 22,200 円 = 900 円

②資本連結

(借)資 本 金	9,000	(貸)S 社 株 式	7,560*1
利 益 剰 余 金	2,400	非 支 配 株 主 持 分	4,920*2
評 価 差 額	900		
の れ ん	180*3		

*1 $\underset{既存事業時価}{12,600 円} \times \underset{親持分比率}{60\%} = \underset{みなし投資額}{7,560 円}$

*2 $\underset{既存事業資本}{(9,000 円 + 2,400 円 + 900 円)} \times 40\% = 4,920 円$

*3 $\underset{みなし投資額}{7,560 円} - \underset{持分増加額}{(9,000 円 + 2,400 円 + 900 円) \times 60\%} = 180 円$

⑵移転した事業の仕訳

(借)資　本　金	18,000[*1]	(貸)Ｓ　社　株　式	10,440[*2]
		非支配株主持分	7,200[*3]
		資　本　剰　余　金	360[*4]

- ＊1　事業分離による資本増加額
- ＊2　18,000 円－7,560 円（みなし投資額⑴②）＝ 10,440 円
- ＊3　<u>18,000 円</u>×40％＝ 7,200 円
  　　　事業分離による資本増加額
- ＊4　みなし移転事業額：<u>18,900 円</u>×40％＝ 7,560 円
  　　　　　　　　　　　移転事業時価
  　持分減少額：<u>18,000 円</u>×40％＝ 7,200 円
  　　　　　　　　移転事業簿価
  　資本剰余金：7,560 円－7,200 円＝ 360 円

⑶連結貸借対照表

諸　資　産：<u>30,000 円</u>＋<u>66,000 円</u>＋<u>23,100 円</u>＝ 119,100 円
　　　　　　　乙事業資産　P社その他諸資産　S社諸資産

諸　負　債：<u>12,000 円</u>＋<u>18,000 円</u>＋<u>10,800 円</u>＝ 40,800 円
　　　　　　　乙事業負債　P社その他諸負債　S社諸負債

資　本　金：親会社資本金 42,000 円

利 益 剰 余 金：親会社利益剰余金 24,000 円

非支配株主持分：

(<u>9,000 円＋2,400 円＋900 円</u>)×40％＋<u>18,000 円</u>×40％＝ 12,120 円
　　　　　既存事業資本　　　　　　　　　　移転事業簿価

[参考]のれんの考え方

　　　　のれんは、技術力やブランド価値といった**企業の超過収益力**をあらわしたものであり、企業の資産・負債の時価に超過収益力(のれん)を加えたものが**企業価値**(事業の時価)となります。

　　　　しかし、日本の会計基準ではのれん相当額のうち**親会社持分** 180 円(300 円×60％)**のみのれんとして認識**(買入のれん方式)します。一方、国際会計基準では、非支配株主の持分も資本と考え、非支配株主持分も含めた 300 円をのれん(全部のれん方式)として認識します。

187

問 1　共同支配投資企業（A社）の個別財務諸表

　　　C 社株式　　　　　| **18,000** | 円

問 2　共同支配投資企業（A社）の連結財務諸表

　　　みなし移転事業額　　| **9,600** | 円

　　　移転事業持分減少額　| **7,200** | 円

　　　持分変動損益　　　　| **2,400** | 円

解説2

1 個別財務諸表上の処理

　①共同支配投資企業（A社）

　　事業を分離した企業（A社、B社）は、移転した事業に対する投資が継続していると考え、受け取った株式（C社株式）の取得原価は、移転した事業に係る株主資本相当額（簿価）とします。

(借)諸　　　負　　　債	12,000	(貸)諸　　　資　　　産	30,000
C　社　株　式	18,000		

　②共同支配投資企業（B社）（参考）

(借)諸　　　負　　　債	14,000	(貸)諸　　　資　　　産	26,600
C　社　株　式	12,600		

　③共同支配企業（C社）

　　a 事業

(借)諸　　　資　　　産	30,000	(貸)諸　　　負　　　債	12,000
		資　　　本　　　金	18,000

　　b 事業

(借)諸　　　資　　　産	26,600	(貸)諸　　　負　　　債	14,000
		資　　　本　　　金	12,600

2 連結財務諸表上の処理

連結財務諸表上、共同支配投資企業は、**共同支配企業に対する投資**について**持分法を適用**します。

①共同支配投資企業（A社）

イ 移転事業分（持分変動損益）

A社では、a事業に対する持分が100%から60%（$\frac{60\text{株}}{60\text{株}+40\text{株}}$）に減った分について、投資を清算したと考えて、時価と簿価の差額を「持分変動損益」とします。

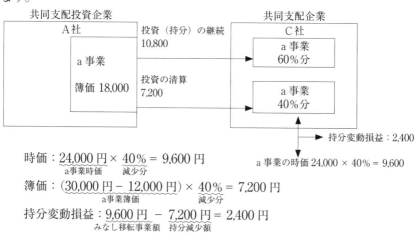

時価：$\underset{\text{a事業時価}}{24,000\text{円}} \times \underset{\text{減少分}}{40\%} = 9,600\text{円}$

簿価：$\underset{\text{a事業簿価}}{(30,000\text{円}-12,000\text{円})} \times \underset{\text{減少分}}{40\%} = 7,200\text{円}$

持分変動損益：$\underset{\text{みなし移転事業額}}{9,600\text{円}} - \underset{\text{持分減少額}}{7,200\text{円}} = 2,400\text{円}$

（借）C 社 株 式	2,400	（貸）持 分 変 動 損 益	2,400

ロ 取得事業分（のれん）（参考）

A社では、B事業に対する持分60%を新たに取得したと考えて、事業の時価と評価替え後の簿価の差額と「のれん」とします。ただし、持分法のためのれんという勘定は計上せずに翌期からC社株式と持分法による投資損益で償却します。

時価：$\underset{\text{b事業時価}}{16,000\text{円}} \times \underset{\text{取得分}}{60\%} = 9,600\text{円}$

評価替え後の簿価：$\underset{\text{b事業簿価}}{(26,600\text{円}-14,000\text{円})} \times 60\% + \underset{\text{評価差額}}{(27,600\text{円}-26,600\text{円})} \times 60\%$

$= 8,160\text{円}$

のれん：$\underset{\text{時価}}{9,600\text{円}} - \underset{\text{簿価}}{8,160\text{円}} = 1,440\text{円}$

```
当期は仕訳なし
```

　要するに、A社は、事業分離前はa事業を100%所有していたが、共同支配企業の形成でC社株式の取得により、a事業を60%（40%売却）、b事業を60%所有するようになったと考えます。

②共同支配投資企業（B社）（参考）

イ　移転事業分（持分変動損益）

```
（借）C 社 株 式　　2,040* （貸）持 分 変 動 損 益　　2,040
```

　＊　16,000円×60%−（26,600円−14,000円）×60%＝2,040円

ロ　取得事業分（のれん）

　　時価：24,000円×40%＝9,600円

　　評価替え後の簿価：（30,000円−12,000円）×40%＋（32,000円−30,000円）×40%
　　　　　　　　　　　＝8,000円

　　のれん：9,600円−8,000円＝1,600円

```
当期は仕訳なし
```

解答 3　　　分配可能額 - *1*　　　　　　　　　　　問　題→ p66

(1)　剰余金の金額　　| *110,000* |　千円

(2)　分 配 可 能 額　　| *100,000* |　千円

解説 3

　分配時までの剰余金の増減がないため、分配可能額の計算は容易です。

(1)× 8 年 12 月 31 日時点の剰余金の金額(Step1)

　剰余金：40,000 千円 + 70,000 千円 = 110,000 千円
　　　　　　その他資本剰余金　その他利益剰余金

(2)分配可能額(Step2)

　分配可能額：110,000 千円 − 10,000 千円 = 100,000 千円
　　　　　　　　　剰余金　　　　自己株式

ここをおさえて！　　~分配可能額~

Step1　剰余金の金額＝その他資本剰余金＋その他利益剰余金

Step2　分配可能額＝剰余金の金額−自己株式

(1) | 313,250 | 千円　　(2) | 225,750 | 千円

解説 4

　のれんや繰延資産がある場合、分配可能額の計算は複雑になります。各場合の違いを理解してください。

①剰余金の金額：78,750 千円 + 105,000 千円 + 140,000 千円 = 323,750 千円

②資本等金額：910,000 千円 + 87,500 千円 + 129,500 千円 = 1,127,000 千円

③資本等金額 + その他資本剰余金：1,127,000 千円 + 78,750 千円 = 1,205,750 千円

(1)のれん等調整額が資本等金額を超える場合①

　のれん等調整額：$2,275,000 \text{ 千円} \times \dfrac{1}{2} = 1,137,500 \text{ 千円}$

　$\underset{\text{②(資本等金額)}}{\underline{1,127,000 \text{ 千円}}} < \underset{\text{(のれん等調整額)}}{\underline{1,137,500 \text{ 千円}}} < \underset{\text{③(資本等金額+その他資本剰余金)}}{\underline{1,205,750 \text{ 千円}}}$

→剰余金から差し引くのれん等調整額：$\underset{\text{(のれん等調整額)}}{\underline{1,137,500 \text{ 千円}}} - \underset{\text{②(資本等金額)}}{\underline{1,127,000 \text{ 千円}}} = 10,500 \text{ 千円}$

　分配可能額：323,750 千円 − 10,500 千円 = **313,250 千円**

(2)のれん等調整額が資本等金額を超える場合②

　のれん等調整額：$1,400,000 \text{ 千円} \times \dfrac{1}{2} + 525,000 \text{ 千円} = 1,225,000 \text{ 千円}$

　$\underset{\text{②(資本等金額)}}{\underline{1,127,000 \text{ 千円}}} < \underset{\text{③(資本等金額+その他資本剰余金)}}{\underline{1,205,750 \text{ 千円}}} < \underset{\text{(のれん等調整額)}}{\underline{1,225,000 \text{ 千円}}}$

　のれん$\times \dfrac{1}{2}$：$1,400,000 \text{ 千円} \times \dfrac{1}{2} = 700,000 \text{ 千円}$

　$\underset{\text{③(資本等金額+その他資本剰余金)}}{\underline{1,205,750 \text{ 千円}}} > \underset{\text{(のれん}\times\frac{1}{2}\text{)}}{\underline{700,000 \text{ 千円}}}$

→剰余金から差し引くのれん等調整額：$\underset{\text{(のれん等調整額)}}{\underline{1,225,000 \text{ 千円}}} - \underset{\text{②(資本等金額)}}{\underline{1,127,000 \text{ 千円}}} = 98,000 \text{ 千円}$

　分配可能額：323,750 千円 − 98,000 千円 = **225,750 千円**

| 解答 5 | 四半期財務諸表（税金費用の計算） | 問　題→ p68 |

四半期損益計算書　　（単位：千円）

⋮	⋮
税引前四半期純利益	(*2,000*)
法人税、住民税及び事業税	(*840*)
四半期純利益	(*1,160*)

解説 5

⑴　税金費用（法人税等）の計算

　　四半期損益計算書の法人税等は、年度の決算に適用する税率を用いて、四半期の課税所得をもとに計算するのが原則処理ですが、簡便的処理として税引前四半期純利益に見積実効税率を掛けて計算することが認められています。

税金費用の簡便的処理

法人税等：税引前四半期純利益×見積実効税率

見積実効税率：

$$\frac{（予想年間税引前当期純利益±永久差異^{*1}）×法定実効税率－税額控除^{*2}}{予想年間税引前当期純利益}←一年間の税金費用$$

＊1　会計上、費用または収益として計上しても、税法上、永久に損金または益金に算入されない項目をいいます。交際費等の損金不算入額や受取配当等の益金不算入額などがあります。

＊2　税額控除とは、課税所得に税率を掛けて計算した税額から税法の規定で差し引くことができる金額をいいます。試験研究費の特別控除などがありますが、簿記の試験ではくわしい内容についてはあまり気にする必要はありません。

(2) 年間見積実効税率

$$\frac{(10,000\,千円 + 2,000\,千円^*) \times 40\% - 600\,千円}{10,000\,千円} = 42\%$$

＊ 損金として認められないことにより課税所得が増えるため、加算します。

(3) 法人税等

2,000 千円 × 42%（見積実効税率）＝ 840 千円

（借）法人税、住民税及び事業税	840	（貸）未 払 法 人 税 等	840

| 解答6 | 四半期財務諸表（有価証券の減損処理） | 問　題→ p69 |

切放法の場合

(1)　第3四半期財務諸表

第3四半期	四半期損益計算書	（単位：円）
投 資 有 価 証 券 評 価 損 （ *600* ）		

(2)　年度末財務諸表

年度末	損　益　計　算　書	（単位：円）
投 資 有 価 証 券 評 価 損 （ *600* ）		

年度末	貸　借　対　照　表	（単位：円）
投 資 有 価 証 券 （ *550* ）	その他有価証券評価差額金 （ *150* ）	

洗替法の場合

(1)　第3四半期財務諸表

第3四半期	四半期損益計算書	（単位：円）
投 資 有 価 証 券 評 価 損 （ *600* ）		

(2)　年度末財務諸表

年度末	損　益　計　算　書	（単位：円）
投 資 有 価 証 券 評 価 損 （ *0* ）		

年度末	貸　借　対　照　表	（単位：円）
投 資 有 価 証 券 （ *550* ）	その他有価証券評価差額金 （ △*450* ）	

解説 6

　年度末における有価証券の減損処理(強制評価減と実価法)については、切放法のみで洗替法は認められていません。

　一方、四半期会計期間末における有価証券の減損処理については、**切放法と洗替法のいずれかを選択適用することが認められています。**

1. 切放法の場合

　(1)　第3四半期

　　　時価が著しく下落し回復の見込みが不明のため、減損処理を行います。

(借)投資有価証券評価損	600*	(貸)投 資 有 価 証 券	600

　　　＊　400 円 − 1,000 円 = △ 600 円

　(2)　年度末

　　　切放法の場合、取得原価に振り戻す仕訳を行いません。

(借)投 資 有 価 証 券	150*	(貸)その他有価証券評価差額金	150

　　　＊　550 円 − 400 円 = 150 円

　以下の年度末残高試算表にもとづいて、財務諸表を作成します。

年度末残高試算表

投資有価証券評価損	600	その他有価証券評価差額金	150
投 資 有 価 証 券	550		

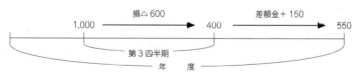

切放法の場合

2. 洗替法の場合

　(1)　第3四半期

　　　時価が著しく下落し回復の見込みが不明のため、減損処理を行います。

(借)投資有価証券評価損	600*	(貸)投 資 有 価 証 券	600

　　　＊　400 円 − 1,000 円 = △ 600 円

　(2)　年度末

　　　洗替法の場合、取得原価に振り戻す仕訳を行います。

①振戻仕訳

(借)投 資 有 価 証 券	600	(貸)投資有価証券評価損戻入*	600

* 以下の残高試算表で投資有価証券評価損と対照的にするために、「投資有価証券評価損戻入」としていますが、「投資有価証券評価損」または「投資有価証券評価損益」でも大丈夫です。

②時価評価

(借)その他有価証券評価差額金	450*	(貸)投 資 有 価 証 券	450

* 550 円 − 1,000 円 = △ 450 円

以下の年度末残高試算表にもとづいて、財務諸表を作成します。投資有価証券評価損は投資有価証券評価戻入と相殺して損益計算書上はゼロとなります。

年度末残高試算表

投資有価証券評価損	600	投資有価証券評価損戻入*	600
その他有価証券評価差額金	450		
投 資 有 価 証 券	550		

洗替法の場合

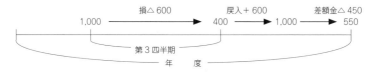

セグメント情報　　　　　　　　　　　　　　　　　　　　　（単位：千円）

	報告セグメント		調 整 額	連結財務諸表計上額
	自動車	自動車部品		
売　　上　　高				
（**外部顧客**）への売上高	10,000	（ *2,400* ）	－	（ *12,400* ）
セグメント間の内部売上高又は振替高	－	（ *3,600* ）	（△*3,600*）	－
計	10,000	（ *6,000* ）	（△*3,600*）	（ *12,400* ）
セグメント利益	3,000	1,800	（△*1,080*）	（ *3,720* ）
セグメント資産	8,000	5,000	（△*1,080*）	（ *11,920* ）
セグメント負債	2,200	1,600	－	3,800
その他の項目				
減価償却費	800	600	－	1,400
（**のれん**）の償却額	400	（ *200* ）	－	（ *600* ）
受取利息	160	140	－	300
支払利息	100	80	－	180
特別利益	1,000	600	－	1,600
特別損失	200	400	－	600

解説7

　セグメント情報は、売上高、利益（又は損失）、資産その他の財務情報を、事業の構成単位に分けた情報です。

　セグメント情報は、財務諸表利用者が過去の業績を理解し、将来のキャッシュ・フローの予測を適切に評価できるようにするために作成し、財務諸表の注記情報として開示します。

⑴　セグメントの区分

　　セグメント情報を作成するにあたっては、経営者が経営上の意思決定を行い業績を評価するために区分した企業の構成単位（事業セグメント）を一定の基準により分類・集約し、報告すべきセグメント（報告セグメント）を決定します。

⑵　開示する内容

　　企業はセグメント情報として、報告セグメントの概要、**報告セグメントの利益、資産、負債**及びその他の重要な項目等を開示しなければなりません。

　　なお、報告セグメントの利益（又は損失）の額に次の項目が含まれている場合、開示しなければなりません。

- ・　外部顧客への売上高
- ・　事業セグメント間の内部売上高または振替高
- ・　減価償却費
- ・　のれんの償却額及び負ののれん発生益
- ・　受取利息及び支払利息
- ・　持分法投資利益（または損失）
- ・　特別利益及び特別損失
- ・　税金費用
- ・　重要な非資金損益項目

⑶　金額の計算

①　自動車部品事業部の金額

　　P社とS社の自動車部品事業部の金額を合計して、各項目を計算します。

　　外部顧客への売上高：1,600千円 + 800千円 = 2,400千円

　　セグメント間の売上高：2,400千円 + 1,200千円 = 3,600千円

　　のれんの償却額：140千円 + 60千円 = 200千円

②　セグメント間の内部売上高

　　セグメント間の内部売上高は内部取引にすぎないため、減算調整を「調整額」の列で行うことにより連結財務諸表の金額を計算します。

③　セグメント間の未実現利益

　　セグメント間の未実現利益は、セグメント利益とセグメント資産から減算調整を行い連結財務諸表の金額を計算します。

[参考]報告セグメントの決定の基準

　　事業セグメントのうち、売上高(外部顧客分)、損益、資産のいずれか
が合計の10%以上のものを報告セグメントとし、売上高、損益、資産の
いずれも10%に満たない場合には「その他」としてまとめます。

　　ただし、10%以上に該当する報告セグメントについて、売上高の合計
が全体の75%に満たない場合には売上高の75%以上が独立した報告
セグメントとなるように、売上高の大きいものから報告セグメントと
して追加します。

数値例

	A事業	B事業	C事業	D事業	E事業	F事業	合　計
売　上　高	① 5,800	950	④ 900	850	800	700	10,000
利　　　益	② 580	95	90	85	80	70	1,000
資　　　産	3,000	③ 600	450	380	350	220	5,000

①売上高が合計の10%以上：A事業(58%)を報告セグメントとする。

②利益が合計の10%以上：売上高と同じくA事業。

③資産が合計の10%以上：B事業(12%)を報告セグメントとして追加。

④A事業とB事業の売上高合計は6,750円となり、合計の75%に満たないためC
　事業を報告セグメントとして追加。

	報告セグメント				合計
	A事業	B事業	C事業	その他	
外部顧客への売上高	5,800	950	900	2,350	10,000
⋮	⋮	⋮	⋮	⋮	⋮
セグメント利益	580	95	90	235	1,000
セグメント資産	3,000	600	450	950	5,000
⋮	⋮	⋮	⋮	⋮	⋮

| 解答8 | 賃貸等不動産 | 問　題→p72 |

（単位：千円）

| 貸　借　対　照　表 | 損　益　計　算　書 |

Ⅱ　固定資産　　　　　　　　　　　　Ⅳ　営業外収益

　3．投資その他の資産　　　　　　　　　賃貸収入　　11,000

　　投資不動産　　　160,000　　　　Ⅴ　営業外費用

　　減価償却累計額（　6,000）（154,000）　賃貸原価（　6,000）

（注記）

　当社では、東京都において、賃貸用のオフィスビルを有しております。

これら賃貸等不動産の貸借対照表計上額、当期増減額及び時価は、次のとおりであります。

（単位：千円）

貸借対照表計上額			当期末の時価
前期末残高	当期増減額	当期末残高	
78,000	76,000	154,000	156,000

（注1）　貸借対照表計上額は、取得原価から減価償却累計額を控除した金額であります。

（注2）　当期増減額のうち、増加額はオフィスビル乙の取得、減少額は減価償却費であります。

（注3）　当期末の時価は、「不動産鑑定評価基準」にもとづいて自社で算定した金額であります。

　また、賃貸等不動産に関する×7年3月期の損益は、次のとおりであります。

（単位：千円）

賃貸収入	賃貸原価	賃貸利益	その他損益
11,000	6,000	5,000	－

（注1）　賃貸原価にはオフィスビルに係る費用（修繕費、減価償却費）が含まれております。

(1) 賃貸等不動産とは

　　賃貸等不動産とは、棚卸資産に分類されている不動産*以外のもので、**賃貸収益またはキャピタル・ゲイン(売却益)の獲得**を目的として保有されている不動産をいいます。

　　　*　不動産業者などが保有する販売目的の不動産(土地や建物など動かすことのできない財産)のことです。

　　また、物品の製造や販売、サービスの提供、経営管理(本社ビルなど)に自ら使用している場合は賃貸等不動産には含まれません。

(2) 賃貸等不動産の範囲

　　賃貸等不動産には、次の不動産が含まれます。

① 貸借対照表において投資不動産として区分されている不動産
　(投資目的*で所有する土地、建物その他の不動産)

② 将来の使用が見込まれていない遊休不動産

③ 上記以外で賃貸されている不動産

　　　*　投資目的とは、賃貸収益またはキャピタル・ゲインを得る目的であり、賃貸等不動産のメインは投資不動産となります。

　　おおまかに分類すると次のとおりとなります。

	科　　　　　目	賃貸等不動産
販　売　目　的	販売用不動産	該当しない
投　資　目　的	投資不動産	該当する
物品製造販売等の目的 (自社で使用している場合)	建物、土地等	該当しない

(3) 賃貸等不動産に関する注記

　　賃貸等不動産を保有している場合は、次の事項を注記します。

① 賃貸等不動産の概要

② 賃貸等不動産の貸借対照表計上額及び期中における主な変動

③ 賃貸等不動産の**当期末における時価**及びその算定方法

④ 賃貸等不動産に関する損益

(4) 当期の仕訳

① 取得時（オフィスビル乙）

（借）投 資 不 動 産	80,000	（貸）当 座 預 金	80,000

② 賃貸料受取り、修繕費支払い時

（借）当 座 預 金	11,000	（貸）賃 貸 収 入	11,000
（借）賃 貸 原 価	2,000	（貸）当 座 預 金	2,000

③ 決算時

（借）賃 貸 原 価	4,000*	（貸）投資不動産減価償却累計額	4,000

*　80,000 千円 ÷ 40 年 + 80,000 千円 ÷ 40 年 = 4,000 千円

解答9　　特別目的会社（SPC）　　問　題→ p74

問1　売却取引

決算整理後残高試算表　　　　　（単位：千円）

現 金 預 金	214,470	受 取 配 当 金	(	*220*)
土 地 建 物	(*0*)	固 定 資 産 売 却 益	(	*5,000*)
有 価 証 券	(*750*)			

問2　金融取引

決算整理後残高試算表　　　　　（単位：千円）

現 金 預 金	210,790	借 入 金	(	*10,500*)
土 地 建 物	(*10,000*)	賃 貸 収 入	(	*900*)
賃 貸 原 価	(*400*)			
支 払 利 息	(*210*)			

問1

取引の全体像を示すと、以下のようになります。

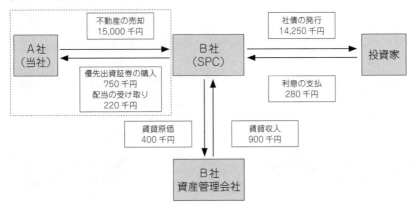

①不動産譲渡時の仕訳

まず、本問が売却取引または金融取引かの判定を行います。この判定は、A社のリスク負担割合を算定して判断します。

$$\frac{750\ 千円}{15,000\ 千円} = 5\%$$

以上の結果により、リスクと経済価値のほとんどすべてが移転しているものと判断されるため、売却取引として処理します。

(借)現　金　預　金	15,000	(貸)土　地　建　物	10,000
		固 定 資 産 売 却 益	5,000
(借)有　価　証　券	750	(貸)現　金　預　金	750

②毎期の仕訳

賃貸収入および賃貸原価の処理に関してはS社がおこなう会計処理のため、当社では配当金の受け取りに関する仕訳を行います。

| (借)現　金　預　金 | 220 | (貸)受　取　配　当　金 | 220 |

問2

取引の全体像を示すと、以下のようになります。

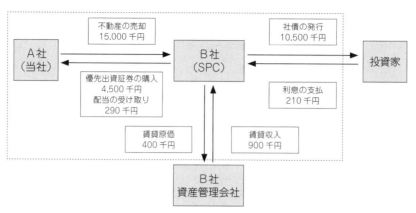

①不動産譲渡時の仕訳

まず、本問が売却取引または金融取引かの判定を行います。この判定は、A社のリスク負担割合を算定して判断します。

$$\frac{4{,}500 \text{千円}}{15{,}000 \text{千円}} = 30\%$$

以上の結果により、リスクと経済価値のほとんどすべてが移転しているものと判断されないため、金融取引として処理します。したがって、売却益は計上されず、土地を担保に資金を借り入れたと仮定して会計処理を行います。

また、優先出資証券の購入は、借入資金の返済と仮定して処理します。

(借)現　金　預　金	15,000	(貸)借　　入　　金	15,000
(借)借　　入　　金	4,500	(貸)現　金　預　金	4,500

②毎期の仕訳

金融取引として処理する場合、賃貸収入および賃貸原価に関する会計処理は、S社を経由してA社が行っていると仮定して処理します。

また、社債利息の支払いについても、S社を経由してA社が行っていると仮定して処理するため借入金に関する利息の支払いとして処理します。

(借)現　金　預　金	900	(貸)賃　貸　収　入	900
(借)賃　貸　原　価	400	(貸)現　金　預　金	400
(借)支　払　利　息	210	(貸)現　金　預　金	210

ア	ディスクロージャー	イ	投資のポジション
ウ	成　　果	エ	支　　配
オ	経済的資源		

解説 10

　貸借対照表の各構成要素の定義についてはキーワードを中心におさえておきましょう！

1. 資産とは、過去の取引または事象の結果として、報告主体が**支配**している**経済的資源**をいう。

2. 負債とは、過去の取引または事象の結果として、報告主体が**支配**している**経済的資源**を**放棄**もしくは**引き渡す義務**、またはその同等物をいう。

3. 純資産とは、**資産と負債の差額**をいう。

4. 純資産のうち報告主体の所有者である**株主に帰属する部分**をいう。

5. 純利益とは、特定期間の期末までに生じた**純資産の変動額**のうち、その期間中に**リスクから解放**された**投資の成果**であって、報告主体の所有者に帰属する部分をいう。

研究　　株式の無償交付（株式引受権）

　2019 年の会社法改正により、証券取引所に上場している会社の取締役に対する報酬として、金銭の払込みがなく（無償で）株式を交付（新株の発行または自己株式の処分）する取引が認められるようになりました。

　ストック・オプションは「株式を一定価額で購入する権利」であり、権利行使価額の払込み（有償）で株式を交付するのに対し、株式の無償交付では会社の株式そのものを払込みなく、取締役に労働に対する報酬として与えます。

　株式の無償交付には、権利が確定する前に株式を交付する**事前交付型**と、権利が確定した後に株式を交付する**事後交付型**があります。

例　×1期期首に付与し、毎年 10,000 円（報酬相当額）で 3 年後に権利確定する場合

⑴事後交付型

ストック・オプションと同じように、以下の式で計算します。

株式の評価単価×1人当たりの交付株式数×(交付人数−退職見込人数)×$\dfrac{経過月数}{対象勤務期間}$

決算時（×1期）

（借）報　酬　費　用	10,000	（貸）株　式　引　受　権	10,000

（×2期 省略）

決算時（×3期）

（借）報　酬　費　用	10,000	（貸）株　式　引　受　権	10,000

権利確定時（×3期）

（借）株　式　引　受　権	30,000	（貸）資　　　本　　　金	30,000

⑵事前交付型

①新株を発行する場合

株式30,000円は×1期期首に交付されますが、労働の提供を受けるごとに資本が増えたと考え、各期末に資本を増加させます。

決算時（×1期）

（借）報　酬　費　用	10,000	（貸）資　　　本　　　金	10,000

（×2期 省略）

権利確定時（×3期）

（借）報　酬　費　用	10,000	（貸）資　　　本　　　金	10,000

②自己株式を処分する場合

付与日に自己株式30,000円を交付した事実を重視し、×1期の期首に自己株式の処分の処理を行い、その他資本剰余金を減少させます。そして、各期末に報酬費用を計上するとともに、その他資本剰余金を調整します。

付与時（×1期期首）

（借）その他資本剰余金	30,000	（貸）自　己　株　式	30,000

決算時（×1期）

（借）報　酬　費　用	10,000	（貸）その他資本剰余金	10,000

（×2期以降 省略）

なお、株式引受権は、貸借対照表上、**Ⅱ評価・換算差額等**と**Ⅳ新株予約権**の間に**Ⅲ株式引受権**として表示します。

問題の解き方　大公開！

　商業簿記では、決算整理仕訳をもとに貸借対照表や損益計算書を作成する総合問題が出題されます。

　このとき、仕訳を書く方法の他に、以下のような下書きを計算用紙に書くことで効率的に解答できます。

自分に合う解き方を身に付けましょう！

Chapter 1　リース会計2

ポイント

　リース料の前払いにおいて各期末のリース債務残高を計算するときは、タイムテーブルを書いて計算します。

例　題

　×2年3月末、×3年3月末のリース債務残高と支払利息を計算しなさい。円未満の端数は四捨五入する。

×1年4月1日にリース契約(ファイナンスリース取引)
リース料：2,000円(4月1日に前払い)
リース期間：3年
利子率：5%
リース債務計上額：5,719円

解き方

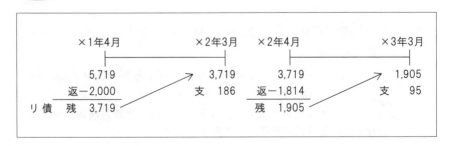

ポイント

　外貨建満期保有目的債券に償却原価法(利息法)を適用する場合、ボックス図を書いて計算します。

例 題

　次の資料にもとづき、×2年3月末の有価証券利息と為替差損益を計算しなさい。

(1)×1年4月1日にA社社債(額面200ドル、償還期日は×6年3月31日)を180ドルで購入した。取得時のレートは1ドル100円である。

(2)利払日は3月末日、A社社債の券面利子率は2.5%、市場の実効利子率は5%である。

(3)額面金額と取得価額の差額は金利の調整と認められるため償却原価法(利息法)を適用する。

　期中平均レートは1ドル105円である。決算時のレートは1ドル110円である。

解き方

＊1　180ドル×5％－200ドル×2.5％＝4ドル　180ドル＋4ドル＝184ドル

＊2　4ドル×105円＝420円

＊3　184ドル×110円＝20,240円

＊4　20,240円－(18,000円＋420円)＝1,820円

ポイント

為替予約（独立処理）では、外貨建金銭債権債務と為替予約を分けたタイムテーブルを書いて、為替差損益を計算します。

例　題

次の資料にもとづき、決算日における外貨建売掛金と為替予約に係る為替差損益をそれぞれ計算しなさい。

(1)×1年12月1日

商品10ドルを掛けで売り上げた。取引発生時の為替レート（直物）は1ドル108円である。

(2)×2年2月1日

上記の売掛金に為替予約を行った（ドル売り予約）。先物（予約）レートは1ドル104円である。

(3)×2年3月31日

決算日をむかえた。決算時の為替レート（直物）は1ドル103円、先物レートは1ドル101円である。

解き方

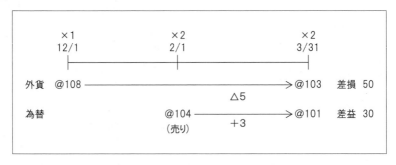

※有価証券の評価の計算は、期末時価－取得原価で計算し、プラスなら評価益、マイナスなら評価損としますが、為替予約の（ドル売り予約）の計算は、予約レート－期末先物レートで計算し、プラスなら差益、マイナスなら差損とします。

ポイント

　資本的支出があった場合の減価償却費の計算は、既存分と資本的支出部分を分けてボックス図を書いて行います。

例　題

　次の資料にもとづき、当期の建物の減価償却費を計算しなさい。

(1)建物(取得原価 30,000 円、耐用年数 30 年、減価償却累計額 10,000 円)について当期首(取得後 10 年経過)に修繕(5,000 円)を行い、修繕後の使用可能期間が 25 年に延長した。
(2)決算につき建物の減価償却(残存価額はゼロ、定額法、間接法で記帳)を行う。資本的支出部分についても残存価額はゼロとする。

解き方

　資本的支出：5,000 円× $\dfrac{5 年}{25 年}$ ＝ 1,000 円

　減価償却費：20,000 円÷ 25 年＋ 1,000 円÷ 25 年＝ 840 円

ポイント

　　繰延資産の未償却残高をもとに償却額を計算するときは、タイムテーブルで償却済み期間を計算してから行います。自社利用のソフトウェアの場合も同じです。

例　題

　　決算につき、当期の社債発行費の償却額を答えなさい。当期は×3年4月1日～×4年3月31日である。

(1)社債発行費の残高4,200円は、×1年10月1日に社債を発行したさいにかかったものである。社債の償還期限は×6年3月31日である。
(2)社債発行費は、最長期間で定額法により償却する。

解き方

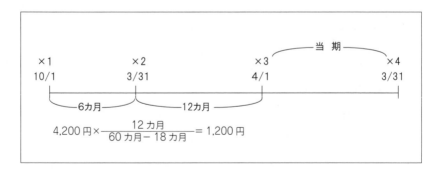

ポイント

退職給付に係る負債は、期末退職給付債務から年金資産を引いて計算します。退職給付に係る調整額は仕訳を書いて計算します。

例 題

次の資料にもとづき、当期末の連結財務諸表における退職給付費用、退職給付に係る負債、退職給付に係る調整額を答えなさい。なお、実効税率を40%として税効果を適用する。

(1)期首退職給付債務：22,000円 期首年金資産：12,000円
　　退職給付引当金：10,000円

(2)勤務費用：4,000円、利息費用：3,000円 、期待運用収益：2,000円

(3)当期に数理計算上の差異1,000円（借方差異）が発生した。数理計算上の差異は発生の翌年度から10年で定額法により償却する。

(4)期末退職給付債務：30,000円、期末年金資産：14,000円

解き方

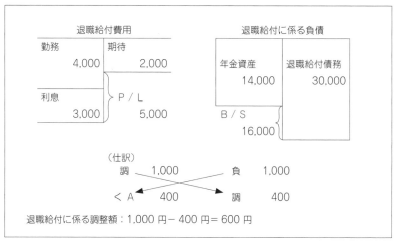

※ 「調」：退職給付に係る調整額　　「負」：退職給付に係る負債
　「＜A」：繰延税金資産　　（資産：Asset、アセット）

ポイント

　各期末の為替換算調整勘定の金額は、外貨建て子会社資本に決算日レートを掛けた金額と、資本の換算額との差額で計算できます。なお、非支配株主がいる場合、連結Ｂ／Ｓの為替換算調整勘定は親会社持分相当額となります。

例　題

　次の資料にもとづき、×2年3月末と×3年3月末の連結貸借対照表の為替換算調整勘定を計算しなさい。

⑴P社は、×1年3月31日にS社の発行済株式の80％を80ドルで取得し、S社を子会社とした。同日のレートは@100円である。

　　×1年3月末　資本金：70ドル　　利益剰余金：30ドル

　　子会社の資産・負債の時価は簿価と一致している。

⑵各期末の子会社資本

①×2年3月末　資本金：70ドル　利益剰余金：40ドル（当期純利益：10ドル）

　　×1年4月～×2年3月の期中平均レート：@101円

　　×2年3月31日の為替レート：@102円

②×3年3月末　資本金：70ドル　利益剰余金：60ドル（当期純利益：20ドル）

　　×2年4月～×3年3月の期中平均レート：@104円

　　×3年3月31日の為替レート：@105円

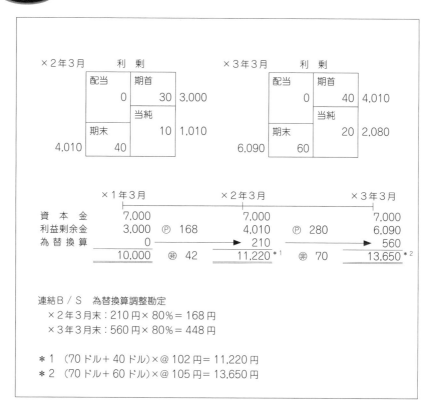

×2年3月　　利　剰

配当		期首	
	0		30	3,000
		当純	
期末			10	1,010
4,010	40		

×3年3月　　利　剰

配当		期首	
	0		40	4,010
		当純	
期末			20	2,080
6,090	60		

	×1年3月		×2年3月		×3年3月
資　本　金	7,000		7,000		7,000
利益剰余金	3,000	Ⓟ　168	4,010	Ⓟ　280	6,090
為替換算	0	➡	210	➡	560
	10,000	Ⓑ　42	11,220 *1	Ⓑ　70	13,650 *2

連結B／S　為替換算調整勘定
　×2年3月末：210円×80％＝168円
　×3年3月末：560円×80％＝448円

＊1　（70ドル＋40ドル）×＠102円＝11,220円
＊2　（70ドル＋60ドル）×＠105円＝13,650円

※　Chapter 8 本支店会計の解き方はありません。

ポイント

　　履行義務が複数ある場合には、独立販売価格にもとづいて履行義務を配分します。また、一定期間にわたり充足される履行義務については、進捗度（経過期間や原価の割合など）に応じて収益を認識します。

例　題

　　当期の会計期間は、×2年4月1日から×3年3月31日までの1年である。当期末の貸借対照表および損益計算書を作成しなさい。

決算整理前残高試算表

×3年3月31日　　　　　　（単位：円）

売　掛　金	24,000	売　　　上	80,000

1．決算整理事項

(1)　以下の保守サービス付き商品の販売の処理が未処理である。

　　当社は、A社と商品の販売と保守サービスの提供の契約を締結し、代金を掛けとした。なお、契約上、商品をA社に移転したときにA社に支払義務が発生する。

①　商品の販売と1年間の保守サービスの提供の対価：6,000円

②　独立販売価格

　　商品：5,600円　　　1年間の保守サービス：1,400円

③　×3年2月1日に商品をA社に引き渡し、A社では検収を完了し使用可能となり、代金は×3年4月末払いとしたが、未処理である。

④　期末において、保守サービスのうち当期分について売上として収益計上を月割計算で行う。

解き方

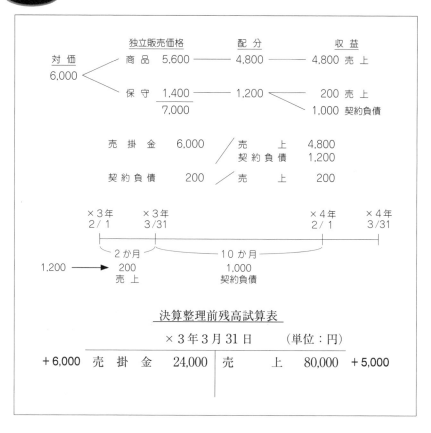

217

Chapter10 工事契約

ポイント

工事損失引当金については、総額による損失から過年度の損失累計を引いて計算します。

例 題

次の資料にもとづき、原価比例法で収益を認識する場合の第2期の工事損失引当金を計算しなさい。

・工事請負金額は 11,000 円、当初の見積総工事原価は 10,000 円である。
・実際に発生した原価は次のとおりである。
　第1期：1,000 円　第2期：5,000 円　第3期：6,000 円
・原料費の高騰により、第2期期首において見積総工事原価を 12,000 円に修正した。
・工事の完成・引渡しは第3期末に行われた。

解き方

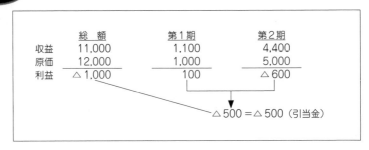

ポイント

　委託販売については、手許商品と積送品のボックス図と仕入勘定のＴ字に書きこむと、解きやすいです。

例　題

　次の資料にもとづき、損益計算書の期首商品棚卸高、当期商品仕入高、期末商品棚卸高を答えなさい。

決算整理前残高試算表			（単位：円）
繰 越 商 品	600	一 般 売 上	5,000
積 　 送 　 品	800	積送品売上	4,000
仕 　 　 　 入	6,600		

(1)委託販売については、手許商品区分法(その都度法)を採用している。委託販売の原価率は80%である。

　期首積送品：400円　当期積送高は各自計算すること。

(2)期末手許商品は500円である。

解き方

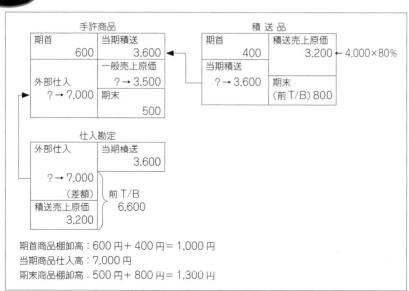

期首商品棚卸高：600円＋400円＝1,000円
当期商品仕入高：7,000円
期末商品棚卸高：500円＋800円＝1,300円

ポイント

　　有価証券の保有目的の変更については、原則処理か例外処理かを把握し、銘柄ごとに処理を書いていきます。

例 題

　　当社は、正当な理由により以下の有価証券について保有目的を変更したが未処理である。その他有価証券の評価は全部純資産直入法による。

銘　　柄	変 更 前	変 更 後	帳簿価額	変更時時価	当期末時価
A社株式	売買目的	その他	10,000	11,000	11,200
C社株式	その他	売買目的	7,000	7,500	7,700
D社株式	その他	支配目的	15,000	15,500	86,000

(1)当期にA社株式の保有目的を売買目的からその他に変更したが、未処理である。

(2)当期にC社株式の保有目的をその他から売買目的に変更したが、未処理である。

(3)当期にD社株式 70,000 円を追加取得し、D社は当社の子会社となったため保有目的を変更したが、追加取得価額を仮払金として処理したのみである。

解き方

売買からその他　原則　変更前

A株　　10,000 ──── +1,000 ───→ 11,000 ──── +200 ───→ 11,200 B/S
　　　　　　　　　　損　益　　　　　　　　　　　差額金

その他から売買　例外　変更後

C株　　7,000 ──── +500 ───→ 7,500 ──── +200 ───→ 7,700 B/S
　　　　　　　　　投損益　　　　　　　　　　　損　益

その他から子株　例外　変更後

D株　　15,000 ─────────→ 15,000 ─────────→ 15,000
　　　　　　　　　　　　　　　　　　　　　　　　　　　70,000
　　　　　　　　　　　　　　　　　　　　　　　　　　　85,000 B/S

Chapter13　特殊論点2

ポイント　事業分離（連結）

　　事業分離による連結上ののれんと資本剰余金については、既存事業と分離した事業を分けて、時価から簿価を引いて計算します。

例題

　　P社は当期末に乙事業をS社に移転した。事業分離による連結上ののれんと、資本剰余金増加額を計算しなさい。

(1) 事業分離により、P社はS社よりS社株式を受け取った。これによりP社は、S社の発行済株式総数の60%を取得することとなり、S社を子会社とした。

　　P社の乙事業の簿価

　　　乙事業資産　30,000円　　乙事業負債　12,000円

　　S社の事業分離直前の資本

　　　資　本　金　9,000円　　利益剰余金　2,400円

　　事業分離直前のS社の諸資産の時価は23,100円（簿価22,200円）であった。

(2) S社では事業分離による払込資本を全額、資本金とする。

(3) 事業分離直前のS社の既存の事業の時価は12,600円であった。

(4) S社に移転した乙事業の時価は18,900円であった。

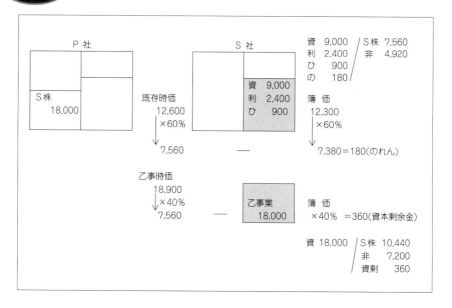

解き方

P 社 / S株 18,000

既存時価 12,600 ×60% 7,560

乙事時価 18,900 ×40% 7,560

S 社 / 資 9,000 / 利 2,400 / ひ 900

乙事業 18,000

資 9,000 / S株 7,560
利 2,400 / 非 4,920
ひ 900
の 180 /

簿 価 12,300 ×60%
7,380＝180(のれん)

簿 価 ×40% ＝360(資本剰余金)

資 18,000 / S株 10,440
／ 非 7,200
／ 資剰 360

分配可能額

　分配可能額の計算における「のれん等調整額の分配制限額」については、先に「のれん÷2」と、「資本等金額＋その他資本剰余金」を比較して、

のれん÷2が上回れば、分配制限額を「その他資本剰余金＋繰延資産」とし、

のれん÷2が下回れば、分配制限額を「のれん等調整額－資本等金額」とします。

※剰余金から差し引く自己株式の簿価や加算する自己株式の処分対価はしっかりおさえましょう！

例　題

　次の資料にもとづき、以下の各場合ののれん等調整額の分配制限額を計算しなさい。なお、前期末から分配時まで、株主資本等の変動はなかった。
（単位：百万円）

1 前期末貸借対照表における資本

資　本　金	4,000
資 本 準 備 金	3,000
その他資本剰余金	2,000
利 益 準 備 金	1,000
任 意 積 立 金	5,000
繰越利益剰余金	6,000

(1)のれんが22,000百万円、繰延資産が500百万円のとき

(2)のれんが18,000百万円、繰延資産が1,400百万円のとき

(3)のれんが14,000百万円、繰延資産が2,000百万円のとき

(1)のれんが 22,000 百万円、繰延資産が 500 百万円

の÷2 11,000	>	資本等＋ その他資 10,000	⟹

制　限　額

その他資	2,000
＋　繰延	500
	2,500

(2)のれんが 18,000 百万円、繰延資産が 1,400 百万円

の÷2 9,000	<	資本等＋ その他資 10,000	⟹

制　限　額

$(18,000 \div 2 + 1,400) - 8,000 = 2,400$

(3)のれんが 14,000 百万円、繰延資産が 2,000 百万円

の÷2 7,000	<	資本等＋ その他資 10,000	⟹

制　限　額

$(14,000 \div 2 + 2,000) - 8,000 = 1,000$

※　資本等金額：4,000 ＋ 3,000 ＋ 1,000 ＝ 8,000
　　資本等金額＋その他資本剰余金：8,000 ＋ 2,000 ＝ 10,000

次の文章の空欄に適切な語句を記入しなさい。

1．棚卸資産

(1) 通常の販売目的（販売するための製造目的を含む。）で保有する棚卸資産は、取得原価をもって貸借対照表価額とし、期末における（　ア　）が取得原価よりも下落している場合には、当該（　ア　）をもって貸借対照表価額とする。

　　この場合において、取得原価と当該（　ア　）との差額は当期の費用として処理する。

(2) 販売目的で保有する棚卸資産について、収益性が低下したときの簿価切下額は、損益計算書では（　イ　）の区分に計上される。ただし、この簿価切下額が、臨時の事象に起因し、かつ、多額であるときには、（　ウ　）の区分に計上する。

(3) 製造業における原材料等のように（　エ　）の方が把握しやすく、正味売却価額が当該（　エ　）に歩調を合わせて動くと想定される場合には、継続して適用することを条件として、（　エ　）によることができる。

(4) 当初から販売の努力を行う意図をもたずに、短期間の価格変動により利益を得ることを目的として保有する棚卸資産を（　オ　）目的で保有する棚卸資産といい、こうした棚卸資産については時価をもって貸借対照表価額とし、帳簿価額との差額は当期の損益として処理する。

　　損益を計上する場合には、原則として、純額で（　カ　）に表示する。

2．貸倒引当金、有価証券

⑴　貸倒懸念債権の貸倒見積高の算定方法には、担保の処分見込額および保証による回収見込額を減額する（　ア　）と、（　イ　）がある。

⑵　経営破綻または実質的に経営破綻に陥っている債務者に対する債権を（　ウ　）といい、この区分に分類された債権については、債権額から担保の処分見込額および保証による回収見込額を減額し、その残額を貸倒見積高とする。

⑶　その他有価証券については時価をもって貸借対照表価額とし、その評価差額は洗い替え方式によって純資産の部にその他有価証券評価差額金として計上する。ただし、当該評価差額は、連結貸借対照表では純資産の部のその他の包括利益累計額の区分に計上されるのに対して、個別貸借対照表では（　エ　）の区分に計上される。

解　答

1．棚卸資産

ア	イ	ウ	エ	オ
正味売却価額	売上原価	特別損失	再調達原価	トレーディング
基礎1 Ch11	基礎1 Ch11	基礎1 Ch11	基礎1 Ch11	完成 Ch12

カ
売上高
完成 Ch12

2．貸倒引当金、有価証券

ア	イ	ウ	エ
財務内容評価法	キャッシュ・フロー見積法	破産更生債権等	評価・換算差額等
基礎1 Ch 2	基礎1 Ch 2	基礎1 Ch 2	基礎1 Ch 3

次の文章の空欄に適切な語句を記入しなさい。

1．固定資産

(1)　鉄道の枕木や電線等のように、同種の資産が多数集まって1つの全体を構成し、老朽部品の部分的取替を行うことにより、全体が維持される資産に対して適用される、減価償却の代用的な方法を（　ア　）という。

(2)　耐用年数を異にする多数の多種資産につき平均耐用年数を用いて一括的に減価償却計算および記帳を行う方法、または耐用年数の等しい同種資産または、耐用年数は異なるが、物質的性質ないし用途等において共通性を有する数種類の資産を1グループとし、各グループにつき平均耐用年数を用いて一括的に減価償却計算および記帳を行う方法を（　イ　）という。

(3)　国庫補助金や工事負担金等を受けて資産を取得した場合、その国庫補助金等に相当する額を、当該取得原価から控除することが認められているが、これを（　ウ　）という。

2．減損会計

(1)　減損の兆候がある資産または資産グループについての減損損失を認識するかどうかの判定は、資産または資産グループから得られる（　ア　）の総額と帳簿価額を比較することによって行い、資産または資産グループから得られる（　ア　）の総額が帳簿価額を下回る場合には、減損損失を認識する。

(2)　減損会計において、減損損失を認識すべきであると判定された資産または資産グループについては、帳簿価額を回収可能価額まで減額し、当該減少額を減損損失として計上する。ここで帳簿価額との比較対象となる回収可能価額とは、資産または資産グループの正味売却価額と（　イ　）のいずれか高い方の金額である。

(3) 複数の資産または資産グループの将来キャッシュ・フローの生成に寄与する資産のうち、のれん以外のものを（　ウ　）という。

３．資産除去債務

(1) 資産除去債務に対応する除去費用は、資産除去債務を負債として計上した時に、当該負債の計上額と同額を、関連する（　ア　）の帳簿価額に加える。

資産計上された資産除去債務に対応する除去費用は、（　イ　）を通じて、当該有形固定資産の残存耐用年数にわたり、各期に費用配分する。

(2) 資産計上された資産除去債務に対応する除去費用に係る費用配分額は、損益計算書上、当該資産除去債務に関連する有形固定資産の（　ウ　）と同じ区分に含めて計上する。

解　答

１．固定資産

ア	イ	ウ
取替法	総合償却	圧縮記帳
完成 Ch 4	完成 Ch 4	基礎2 Ch 5

２．減損会計

ア	イ	ウ
割引前将来キャッシュ・フロー	使用価値	共用資産
基礎1 Ch 5	基礎1 Ch 5	基礎1 Ch 5

３．資産除去債務

ア	イ	ウ
有形固定資産	減価償却	減価償却費
基礎1 Ch 6	基礎1 Ch 6	基礎1 Ch 6

次の文章の空欄に適切な語句を記入しなさい。

1．退職給付会計

⑴　退職給付債務は、退職により見込まれる退職給付の総額（退職給付見込額）のうち、期末までに発生していると認められる額を割り引いて計算する。

　　（　ア　）は、退職給付見込額のうち当期に発生したと認められる額を割り引いて計算する。

⑵　（　イ　）は、期首の退職給付債務に割引率を乗じて計算する。

⑶　（　ウ　）は、期首の年金資産の額に合理的に期待される収益率（長期期待運用収益率）を乗じて計算する。

⑷　年金資産の期待運用収益と実際の運用成果との差異、退職給付債務の数理計算に用いた見積数値と実績との差異および見積数値の変更等により発生した差異を（　エ　）という。

⑸　退職給付水準の改訂等に起因して発生した退職給付債務の増加または減少部分のうち、当期純利益を構成する項目として費用処理されていないものを（　オ　）という。

2．純資産、繰延資産

⑴　取得した自己株式は、取得原価をもって純資産の部の（　ア　）から控除する。

⑵　自己株式処分差損は、（　イ　）から減額する。

(3) 自己株式を消却した場合には、消却手続が完了したときに、消却の対象となった自己株式の帳簿価額を（　ウ　）から減額する。

(4) 自己株式の取得、処分及び消却に関する付随費用は、損益計算書の（　エ　）に計上する。

(5) ストック・オプションは、権利の行使または失効が確定するまでの間、貸借対照表の純資産の部に（　オ　）として計上する。

(6) 転換社債型新株予約権付社債以外の新株予約権付社債の発行にともなう払込金額は、社債の対価部分と新株予約権部分に分けて処理を行う。この処理方法を（　カ　）という。

(7) （　キ　）は、新株の発行または自己株式の処分に係る費用であり、原則として支出時に費用として処理するが、繰延資産に計上することも認められている。

解　答

1．退職給付会計

ア	イ	ウ	エ	オ
勤務費用	利息費用	期待運用収益	数理計算上の差異	未認識過去勤務費用
基礎1 Ch 8	基礎1 Ch 8	基礎1 Ch 8	基礎1 Ch 8	基礎1 Ch 8

2．純資産、繰延資産

ア	イ	ウ	エ	オ
株主資本	その他資本剰余金	その他資本剰余金	営業外費用	新株予約権
基礎1 Ch10	基礎1 Ch10	基礎1 Ch10	基礎1 Ch10	基礎2 Ch11

カ	キ
区分法	株式交付費
基礎2 Ch11	完成 Ch 5

次の文章の空欄に適切な語句を記入しなさい。

1．外貨・デリバティブ

(1) 決算時に生じた換算差額は、原則として為替差損益として処理し、差益と差損を相殺した純額で損益計算書に、原則として（　ア　）に記載する。

(2) （　イ　）取引とは、先物取引、先渡取引、（　ウ　）取引、スワップ取引及びこれらに類似する取引をいう。（　イ　）取引により生じる正味の債権及び債務は、（　エ　）をもって貸借対照表価額とし、評価差額は原則として当期の損益として処理される。

(3) 為替予約が付された外貨建取引であっても、外貨建取引と為替予約とを別々の取引とみなし、それぞれについて会計処理を行うのが原則である。この処理を（　オ　）という。

(4) 為替予約等の会計処理には、その適用条件により、「デリバティブ取引の原則的会計処理」、「ヘッジ会計」または「（　カ　）処理」の方法を選択・適用することができる。

(5) 外貨建金銭債権債務等に係る為替予約等の振当処理においては、当該金銭債権債務等の取得時または発生時の為替相場による円換算額と為替予約等による円貨額との差額のうち、予約等の締結時の直物為替相場による円換算額と為替予約（先物為替相場）による円換算額との差額を（　キ　）といい、予約日の属する期から決済日の属する期までの期間にわたって合理的な方法により配分し、各期の損益として処理する。

(6) ヘッジ会計には、（　ク　）と（　ケ　）と呼ばれる2つの方法があるが、ヘッジ対象の損益をその変動時に計上するのが（　ク　）であり、ヘッジ手段の損益計上をヘッジ対象の損益計上時にあわせるのが（　ケ　）である。

解　答

1．外貨・デリバティブ

ア	イ	ウ	エ	オ
営業外損益	**デリバティブ**	**オプション**	**時価**	**独立処理**
基礎1 Ch12	基礎1 Ch13	基礎1 Ch13	基礎1 Ch13	完成 Ch 3

カ	キ	ク	ケ
振当	**直先差額**	**時価ヘッジ**	**繰延ヘッジ**
基礎1 Ch12	基礎1 Ch12	基礎1 Ch13	基礎1 Ch13

次の文章の空欄に適切な語句を記入しなさい。

1．税効果会計

(1)　税効果会計は、企業会計上の資産又は負債の額と課税所得計算上の資産又は負債の額に相違がある場合において、法人税その他利益に関連する金額を課税標準とする税金（法人税等）の額を適切に（　ア　）することにより、法人税等を控除する前の当期純利益と法人税等を合理的に対応させることを目的とする手続である。

(2)　税効果会計の方法には繰延法と資産負債法とがあるが、会計基準では、（　イ　）による。

(3)　税効果会計において、（　ウ　）とは、貸借対照表上に計上されている資産および負債の金額と課税所得計算上の資産および負債の金額との間に差異が生じたときに課税所得の計算上減算され、将来、当該差異が解消するときに課税所得の計算上加算されるものである。

(4)　繰延税金資産の（　エ　）がある場合とは、将来減算一時差異または税務上の繰越欠損金等が、将来の税金負担額を軽減する効果を有していると見込まれる場合をいう。

2．キャッシュ・フロー計算書

(1) キャッシュ・フロー計算書におけるキャッシュの範囲は、現金および
（　ア　）である。

(2) 連結キャッシュ・フロー計算書の作成にあたり、「営業活動による
キャッシュ・フロー」の区分を、「税金等調整前当期純利益」から記載
していく方法は、（　イ　）による表示という。

(3) キャッシュ・フロー計算書の「営業活動によるキャッシュ・フロー」
の表示方法において、営業収入、原材料または商品の仕入れによる支
出等、主要な取引ごとにキャッシュ・フローを総額表示する方法を
（　ウ　）という。

(4) キャッシュ・フロー計算書において、固定資産の取得および売却、投
資有価証券の取得および売却等によるキャッシュ・フローについては
（　エ　）によるキャッシュ・フローの区分に記載する。

(5) キャッシュ・フロー計算書において、自己株式の取得による支出は、
（　オ　）によるキャッシュ・フローの区分に記載する

解　答

1．税効果会計

ア	イ	ウ	エ
期間配分	資産負債法	将来加算一時差異	回収可能性
基礎2 Ch 5	基礎2 Ch 5	基礎2 Ch 5	基礎2 Ch 5

2．キャッシュ・フロー計算書

ア	イ	ウ	エ	オ
現金同等物	間接法	直接法	投資活動	財務活動
基礎2 Ch13	基礎2 Ch13	基礎2 Ch13	基礎2 Ch13	基礎2 Ch13

次の文章の空欄に適切な語句を記入しなさい。

1．連結会計

(1)　連結財務諸表の作成にあたり、親会社の子会社に対する投資とこれに対応する子会社の資本を相殺消去し、消去差額が生じた場合には当該差額をのれん（または負ののれんの発生益）として計上するとともに、子会社の資本のうち親会社に帰属しない部分を非支配株主持分に振り替える一連の手続きを（　ア　）という。

(2)　連結会社相互間の取引によって取得した棚卸資産、固定資産その他の資産に含まれる未実現損益は、その全額を消去する。ただし、（　イ　）については、売手側の帳簿価額のうち回収不能と認められる部分は消去しない。

(3)　連結財務諸表の作成にあたって、連結財務諸表を親会社の財務諸表の延長線上に位置づけて、資本に関して親会社の株主の持分のみを反映させる考え方を親会社説という。

　　これに対して、連結財務諸表を親会社とは区別される企業集団全体の財務諸表と位置づけて、企業集団を構成するすべての連結会社の株主の持分を反映させる考え方を（　ウ　）という。

(4)　企業の特定期間の財務諸表において認識された純資産の変化額のうち、当該企業の純資産に対する持分所有者との直接的取引によらない部分から、当期純利益を差し引いた部分を（　エ　）という。

(5)　包括利益計算書の作成において、当期純利益を構成する項目のうち当期または過去の期間にその他の包括利益に含まれている部分については、その他の包括利益の計算区分から減額する。これをその他の包括利益から当期純利益への（　オ　）という。

(6)　連結財務諸表の作成または持分法の適用にあたり、外国にある子会社または関連会社の外国通貨で表示されている財務諸表項目の換算によっ

て生じた換算差額については、（　カ　）として連結貸借対照表の純資産の部におけるその他の包括利益累計額の内訳項目として表示する。

(7)　連結財務諸表の作成において、投資会社が被投資会社の純資産および損益のうち投資会社に属する部分の変動に応じて、その投資の額を決算日ごとに修正する方法を（　キ　）という。

解答

1. 連結会計

ア	イ	ウ	エ	オ
資本連結	未実現損失	経済的単一体説	その他の包括利益	組替調整

基礎2 Ch 2　　　　　　　　－　　　　　　　　　－　　　　　　　基礎2 Ch 3　　　　完成 Ch 6

カ	キ
為替換算調整勘定	持分法

完成 Ch 7　　　基礎2 Ch 4

①　未実現損失

例　期中に親会社が原価10,000円の商品を、子会社に7,000円で販売した。子会社はこの商品を期末に保有しており、期末における正味売却価額は9,000円である。

回収不能分：10,000円 － 9,000円 ＝ 1,000円

未実現損失のうち消去分：(10,000円 － 7,000円) － 1,000円 ＝ 2,000円

②　経済的単一体説

経済的単一体説は、親会社の株主の持分のみならず非支配株主の持分も反映させる考え方です。

これまでの日本の連結会計基準は基本的には親会社説の考え方にもとづいていましたが、国際会計基準に合わせるために、徐々に経済的単一体説を取り入れています。子会社株式の売却は、経済的単一体説によれば資本取引に該当し、子会社株式の売却に係る差額は資本取引に係る剰余金として資本剰余金として処理されます。

次の文章の空欄に適切な語句を記入しなさい。

1．企業結合産

(1)　共同支配企業の形成及び共通支配下の取引以外の企業結合は（　ア　）となる。

(2)　取得とされた企業結合において、被取得企業の資産・負債を、原則として、企業結合における時価で算定するが、この方法を（　イ　）という。

(3)　結合当事企業（または事業）のすべてが、企業結合の前後で同一の株主により最終的に支配され、かつ、その支配が一時的ではない場合の企業結合を（　ウ　）の取引という。

2．事業分離

(1)　事業分離等の会計処理において、分離元企業が現金等の財産などのように移転した事業と異なる資産を対価として受け取る場合や、分離先企業の株式を対価として受け取った場合でも、その分離先企業が子会社や関連会社に該当しない場合、いわゆる売買処理法を適用し、分離元企業は株式等の受取対価を時価で計上するとともに、移転した事業の株主資本相当額との差額は（　ア　）として認識しなければならない。

(2)　会社の分割にあたって、分離元企業の受け取る対価が分離先企業の株式のみであり、事業分離によって分離先企業が新たに分離元企業の子会社や関連会社となる場合、分離元企業は、個別財務諸表上、分離先企業から受け取った株式の取得原価を移転した事業に係る（　イ　）相当額にもとづいて算定して処理する。

解　答

1．企業結合

ア	イ	ウ
取得	パーチェス法	共通支配下
基礎2 Ch 1	基礎2 Ch 1	基礎2 Ch 1

2．事業分離

ア	イ
移転損益	株主資本
基礎2 Ch 1	基礎2 Ch 1

次の文章の空欄に適切な語句を記入しなさい。

1．企業会計原則

⑴　企業会計原則は、企業会計の実務の中に慣習として発達したもののなかから、一般に（　ア　）と認められたところを要約したものであって、必ずしも法令によって強制されないでも、すべての企業がその会計を処理するに当たって従わなければならない基準である。

⑵　企業会計原則では、「企業会計は、すべての取引につき、（　イ　）の原則に従って、正確な会計帳簿を作成しなければならない」と、規定している。

⑶　正規の簿記の原則は、記録の網羅性、検証可能性および（　ウ　）という記録の3要件を備えた会計帳簿の作成を要求する原則であるが、その他にも、重要性の乏しいものについては、本来の厳密な会計処理によらずに簡便な会計処理によることも認めている。この結果生じるのが、（　エ　）と（　オ　）である。

⑷　（　カ　）の原則とは、費用収益の計上時点を、現金収支の有無にかかわらず、その発生の事実にもとづいて行うことを要求する原則である。

⑸　前払費用のうち長期前払費用は、貸借対照表上、固定資産の部の（　キ　）の区分に記載する。

⑹　財務諸表に注記すべき（　ク　）は、決算日後において発生し、当該事業年度の財務諸表には影響を及ぼさないが、翌事業年度以降の財務諸表に影響を及ぼす会計事象である。したがって、重要な（　ク　）については、会社の財政状態、経営成績およびキャッシュ・フローの状況に関する的確な判断に資するため、当該事業年度の財務諸表に注記を行うことが必要となる。

2．会計上の変更、誤謬の訂正

(1) 財務諸表の科目分類、科目配列および報告様式など、財務諸表の作成にあたって採用した表示の方法を財務諸表の表示方法といい、新たな表示方法を過去の財務諸表に遡って適用したかのように表示を変更することを財務諸表の（　ア　）という。

(2) 過去の財務諸表における誤謬の訂正を財務諸表に反映させることを（　イ　）という。

(3) 会計方針の変更を会計上の見積りの変更と区別することが困難な場合については、会計上の見積りの変更と同様に取り扱い、遡及適用は行わない。

　　有形固定資産等の減価償却方法及び無形固定資産の償却方法は、会計方針に該当するが、償却方法の変更については、（　ウ　）の変更と同様に取り扱う。

解　答

1．企業会計原則

ア	イ	ウ	エ	オ
公正妥当	正規の簿記	秩序性	簿外資産	簿外負債
基礎 2 Ch12	基礎 2 Ch12	基礎 2 Ch12	基礎 2 Ch12	基礎 2 Ch12

カ	キ	ク
発生主義	投資その他の資産	後発事象
基礎 2 Ch12	―	基礎 2 Ch12

2．会計上の変更、誤謬の訂正

ア	イ	ウ
組替え	修正再表示	会計上の見積り
基礎 1 Ch15	基礎 1 Ch15	基礎 1 Ch15

次の文章の空欄に適切な語句を記入しなさい。

1．四半期財務諸表、セグメント情報、賃貸等不動産

(1)　四半期財務諸表の作成にあたって、四半期会計期間を年度と並ぶ一会計期間とみた上で、四半期財務諸表を原則として年度の財務諸表と同じ会計方針を適用して作成することにより、当該四半期会計期間に係る企業集団または企業の財政状態、経営成績およびキャッシュ・フローの状況に関する情報を提供するという考え方を（　ア　）という。

(2)　セグメント情報の報告セグメントの決定において、経営上の意思決定を行い、業績を評価するために、経営者が企業を事業の構成単位に区分した方法を基礎として報告セグメントを決定する方法を（　イ　）・アプローチといい、企業はこうして決定された各報告セグメントの概要、利益または損失、資産、負債、その他の重要項目の金額とそれらの測定方法などを開示しなければならない。

(3)　企業が開示する報告セグメントの利益に含まれる項目のうち、開示が要求されているものには、外部（　ウ　）への売上高、事業セグメント間の内部売上高又は振替高、減価償却費、（　エ　）の償却額、受取利息及び支払利息、（　オ　）投資利益（又は損失）、特別利益及び特別損失、税金費用、重要な非資金損益項目がある。

(4)　棚卸資産に分類される不動産以外で、賃貸収益またはキャピタル・ゲインの獲得を目的として保有されている不動産（ファイナンス・リース取引の貸手による不動産を除く）を（　カ　）不動産という。（　カ　）不動産を保有している場合は、その概要、貸借対照表計上額および期中における主な変動、当期末における（　キ　）およびその算定方法、および（　カ　）不動産に関係する損益を注記しなければならない。

解 答

1. 四半期財務諸表

ア	イ	ウ	エ	オ
実績主義	マネジメント	顧客	のれん	持分法

完成 Ch13　　完成 Ch13　　完成 Ch13　　完成 Ch13　　完成 Ch13

カ	キ
賃貸等	時価

完成 Ch13　　完成 Ch13

「収益認識に関する会計基準」にもとづく次の各文章の空欄に適切な語句を記入しなさい。同じ語句を何度使ってもよい。

1．基本原則

(1)　本会計基準の基本となる原則は、約束した財又はサービスの顧客への移転を当該財又はサービスと交換に企業が権利を得ると見込む（　ア　）の額で描写するように、収益を認識することである。この基本原則に従って収益を認識するために、次の①から⑤のステップを適用する。

　　①　顧客との契約を識別する。
　　②　契約における履行義務を識別する。
　　③　（　イ　）を算定する。
　　④　契約における履行義務に（　イ　）を配分する。
　　⑤　履行義務を充足した時に又は充足するにつれて収益を認識する。

(2)　企業は約束した財又はサービス（以下「資産」と記載。）を顧客に移転することにより履行義務を充足した時に又は充足するにつれて、収益を認識する。資産が移転するのは、顧客が当該資産に対する（　ウ　）を獲得した時又は獲得するにつれてである。

2．収益の額の算定

(1)　履行義務を充足した時に又は充足するにつれて、取引価格のうち、当該履行義務に配分した額について収益を認識する。

(2)　取引価格とは、資産の顧客への移転と交換に企業が権利を得ると見込む（　エ　）の額（ただし、第三者のために回収する額を除く。）をいう。

(3)　取引価格を算定する際には、次の①から④のすべての影響を考慮する。

① （　オ　）

② 契約における重要な金融要素

③ 現金以外の対価

④ 顧客に支払われる対価

３．変動対価

⑴　顧客と約束した対価のうち変動する可能性のある部分を「変動対価」という。契約において、顧客と約束した対価に変動対価が含まれる場合、資産の顧客への移転と交換に企業が権利を得ることとなる対価の額を見積る。

⑵　顧客から受け取った又は受け取る対価の一部あるいは全部を顧客に返金すると見込む場合、受け取った又は受け取る対価の額のうち、企業が権利を得ると見込まない額について、（　カ　）を認識する。
（　カ　）の額は、各決算日に見直す。

⑶　見積られた変動対価の額については、変動対価の額に関する不確実性が事後的に解消される際に、解消される時点までに計上された収益の著しい減額が発生しない可能性が高い部分に限り、取引価格に含める。見積った取引価格は、各決算日に見直す。

４．契約資産、契約負債及び顧客との契約から生じた債権

⑴　顧客から対価を受け取る前又は対価を受け取る期限が到来する前に、財又はサービスを顧客に移転した場合は、収益を認識し、（　キ　）又は顧客との契約から生じた債権を貸借対照表に計上する。

⑵　財又はサービスを顧客に移転する前に顧客から対価を受け取る場合、顧客から対価を受け取った時又は対価を受け取る期限が到来した時のいずれか早い時点で、顧客から受け取る対価について（　ク　）を貸借対照表に計上する。

解 答

ア	イ	ウ	エ	オ
対価	取引価格	支配	対価	変動対価
完成 Ch 9	完成 Ch 9	完成 Ch 9	完成 Ch 9	完成 Ch 9

カ	キ	ク
返金負債	契約資産	契約負債
完成 Ch 9	完成 Ch 9	完成 Ch 9

税理士試験の受験計画

　税理士は、税務に関する専門家として、納税義務者に代わり税額を計算し、申告書を作成することを主な業務とする職業会計人です。

　税額を計算するためには、その基礎となる会計帳簿の記録や財務書類の作成が不可欠です。
　そこで、中小企業や個人商店における会計業務の効率化や財務諸表の信頼性向上も税理士が担っているという側面もあります。

　税理士試験は、5科目合格して税理士になれる科目別合格制を取り入れた試験です。税理士は、会計士などとは違って努力次第で合格していけるタイプの国家資格だといわれています。年1回、8月に行われています。

必修科目
　⑴会計の科目「簿記論」「財務諸表論」の2科目
　⑵税法の科目「法人税法」「所得税法」から1科目は必修

選択科目
　「消費税法」「住民税」「事業税」「固定資産税」「相続税法」
　「国税徴収法」「酒税法」から2科目
　※　「法人税法」「所得税法」を2つ選択し、選択科目1科目でも可能です。

　仕事と受験勉強を両立させるという人の場合、無理な計画を立てずに、1年に1科目ずつ確実にうかって、5科目合格するという方法が効率的なこともあります。
　長期間の受験になるため、「税理士になるために勉強を続ける！」という強い気持ちを持ち続け、勉強を続けられることが大事です。

　なお、簿記の学習が中心になる簿記論と財務諸表論は、同時に受験し合格する方が、労力が少なくて済みます。
　簿記1級に合格された方が簿記論と財務諸表論をはじめるときは、はじめて学習される方よりはるかにアドバンテージがあります。

　1級の次のステップとして自分の将来を考えてみてはどうでしょうか。

企業（支給元）が、原材料等を外部の会社（支給先）に譲渡し、支給先の加工後に、支給先からその支給品を購入する場合があります。仕訳の一例をみていきます。

例　当社は原材料の加工を、A社に委託する取引を行っている。当社は、原材料（簿価600円）をA社に800円で譲渡し、A社が材料を加工後、A社から外注加工賃相当額500円を加えた1,300円で支給品を購入している。

ここで問題となるのは、1譲渡時に収益を計上するか、2支給した原材料を会計上、減らすかどうかの2点です。

　結論からいうと、**1譲渡時の収益計上は、認められません。**仮に譲渡時に収益200円を計上し、当社が製品を2,000円で顧客に販売した場合、実際には2,000円の収益を計上すべきであるにもかかわらず、2,200円の収益が計上（収益の二重計上）されてしまうからです。

　2支給した原材料を減らすかどうかについて、原材料（支給品）に対する**支配がA社に移転していないと考えれば、原材料を減少させず**、支配が移転したと考えれば、原材料を減少させます。支配の移転の有無は当社が支給品を買い戻す義務を負っているか否かで判断します。整理すると次のとおりです。

1譲渡時の収益	買戻し義務	支配の移転	2原材料
認識しない	あり	移転しない	**減少させない**
	なし	移転する	減少させる

　原材料の加工を委託する場合、当社が買戻し義務を負う場合が多いと思われるため、**買戻し義務がある場合**についてみていきます。

(1)原則処理

①原材料の譲渡時

当社の**買戻し義務を負債**（有償支給取引に係る負債など）**として計上**します。

（借）未　収　入　金	800	（貸）有償支給取引に係る負債	800

	個別貸借対照表		（単位：円）
未　収　入　金	800	有償支給取引に係る負債	800
棚　卸　資　産	600		

有償支給取引に係る負債は、譲渡益を出さずに、原材料を減らさないための仮勘定ということもできます。貸借対照表計上額は、協力会社に期末に残っている原材料等の額（譲渡益含む）を表しています。

②原材料の購入時（買戻し時）

加工賃相当額については、外注加工賃を計上する方法や原材料等の**棚卸資産を増額する**方法などありますが、ここでは棚卸資産を増額する方法をみていきます。また、購入により**買戻し義務が消滅するため、負債を減らします**。

（借）棚卸資産（原材料等）	500	（貸）買　　掛　　金	1,300
有償支給取引に係る負債	800		

①の処理の問題点は、原材料が当社に実際に無いにも関わらず、原材料が計上されたままであり、在庫の管理が困難であることです。そのため、個別上は、実際有高に合わせるために原材料を減少させ、連結修正仕訳で原材料を修正する処理が認められました。

(2)容認処理

①原材料の譲渡時

個別上

（借）未　収　入　金	800	（貸）棚卸資産（原材料等）	600
		有償支給取引に係る負債	200

	個別貸借対照表		（単位：円）
未　収　入　金	800	有償支給取引に係る負債　200	←譲渡益
棚　卸　資　産	0		

連結上（連結修正仕訳）

（借）棚卸資産（原材料等）	600	（貸）有償支給取引に係る負債	600

連結貸借対照表　　　（単位：円）

未　収　入　金	800	有償支給取引に係る負債　800	←譲渡益＋原価
棚　卸　資　産	600		

②原材料の購入時（買戻し時）

　個別上は、原材料を減少させているため、**原材料の簿価600円と加工賃相当額500円の合計を棚卸資産として計上します。**

（借）棚卸資産（原材料等）	1,100	（貸）買　　掛　　金	1,300
有償支給取引に係る負債	200		

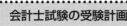 **会計士試験の受験計画**

　会計士は、企業が作成する財務諸表を監査し、財務諸表の信頼性を保証することを主な業務とする職業会計人です。

　会計士試験は、短答式試験と論文式試験に分かれています。
　短答式試験は、以下の4科目によるマークシート形式の5肢択一式の試験です。年2回、主に5月と12月に行われています。
「財務会計論」「管理会計論」「監査論」「企業法」
そして短答式試験合格者のみが、論文式試験を受験することができます。

　論文式試験は5科目の必修科目と1科目の選択科目の合計6科目で行われ、試験日程も3日間となります。年1回、主に8月に行われています。
必修科目
「財務会計論」「管理会計論」「監査論」「企業法」「租税法」
選択科目
「経営学」「民法」「経済学」「統計学」から1科目を選択

　この論文式試験の特徴は税理士試験と異なり、原則として全科目を同時に「一括合格」することを前提に実施されるという点です。
　　※　科目合格もありますが、3年間だけ有効です。
　そのため、これら6科目をまんべんなく勉強することが会計士試験には必要となります。

　試験科目の内容については、1級を学習している皆さんにとって財務会計論は商業簿記と会計学の延長、管理会計論は工業簿記と原価計算をまとめた科目と考えればよいでしょう。

　なお、税理士試験の簿記論、財務諸表論に合格していれば、会計士試験の短答式試験の財務会計論の試験科目が免除され、税理士5科目に合格していれば、論文式試験の租税法が免除されます。
　もし、会計士を目指すのであれば、日商1級を勉強して会計士の勉強に入る方法もありますし、「急がばまわれ」で税理士の勉強をある程度されてから会計士の勉強に入る方法もあります。

　ぜひ、次のステップを目指して頑張ってください。

商業簿記・会計学　論点一覧表

計算問題の主要な論点をまとめました。理解度のチェック（✓）に使ってください。
まずは、☆が３つのものを、次に☆が２つのものをできるようにしましょう！

大　分　類	中　分　類	✓	重要度	テキスト	
現金・預金	現金実査		☆	基礎1	Ch 1
	銀行勘定調整表		☆☆		
貸倒引当金	貸倒実績率法		☆☆☆	基礎1	Ch 2
	キャッシュ・フロー見積法		☆☆☆		
	財務内容評価法		☆☆☆		
金銭債権	保証債務		☆	基礎1	Ch 2
	貸付金の譲渡		☆	完成編	Ch 12
有価証券	売買目的有価証券（洗替法、切放法）		☆☆☆	基礎1	Ch 3
	満期保有目的債券（利息法、定額法）		☆☆☆		
	関係会社株式		☆☆☆		
	その他有価証券（全部、部分）		☆☆☆		
	その他有価証券（債券）		☆☆☆		
	税効果会計の適用（全部、部分）		☆☆☆	基礎2	Ch 5
	減損処理（強制評価減、実価法）		☆☆☆	基礎1	Ch 3
	外貨建有価証券		☆☆☆	基礎1	Ch 12
	約定日基準と修正受渡日基準		☆☆	完成編	Ch 2
	外貨建満期保有目的債券（利息法）		☆☆		
	保有目的の変更		☆	完成編	Ch 12
商品	商品評価損・棚卸減耗損		☆☆☆	基礎1	Ch 11
	売価還元法		☆☆☆		
	売上原価対立法		☆☆☆		
	総記法		☆	完成編	Ch 12
有形固定資産	固定資産の買換え		☆☆	基礎1	Ch 4
	減価償却（200％定率法）		☆☆☆		
	（級数法）		☆		
	固定資産の取得原価		☆	完成編	Ch 4
	資本的支出と収益的支出		☆		
減損会計	減損損失の計算		☆☆☆	基礎1	Ch 5
	グルーピング		☆☆☆	基礎2	Ch 7
	共用資産・のれんの減損		☆☆☆		
ソフトウェア	市場販売目的のソフトウェア		☆☆☆	基礎1	Ch 14
	自社利用のソフトウェア		☆☆☆		

大 分 類	中 分 類	✓	重要度	テキスト	
繰延資産	償却期間		☆	完成編	Ch 5
資産除去債務	資産除去債務の計算		☆☆☆	基礎1	Ch 6
	除去費用の見積りの増加・減少		☆☆☆	基礎2	Ch 8
リース会計	取得原価の決定とリース料の支払い		☆☆☆	基礎1	Ch 7
	セール・アンド・リースバック		☆☆☆	完成編	Ch 1
	中途解約		☆☆		
	リース料の前払い		☆☆		
退職給付会計	退職給付費用の計算		☆☆☆	基礎1	Ch 8
	未認識数理計算上の差異・過去勤務費用		☆☆☆	基礎2	Ch 9
社債	償却原価法 (利息法・定額法)		☆☆☆	基礎1	Ch 9
	買入償還 (利息法・定額法)		☆☆☆	基礎2	Ch 10
	抽選償還 (利息法・定額法)		☆		
純資産	剰余金の配当		☆☆☆	基礎1	Ch 10
	自己株式		☆☆☆		
	新株予約権		☆☆☆		
	新株予約権付社債		☆☆☆	基礎2	Ch 11
	ストック・オプション		☆☆☆	基礎2	Ch 11
	分配可能額		☆	完成編	Ch 13
外貨換算会計	為替予約 (振当処理)		☆☆☆	基礎1	Ch 12
	為替予約 (独立処理)		☆☆	完成編	Ch 3
	予定取引		☆☆		
デリバティブ	先物取引		☆☆	基礎1	Ch 13
	金利スワップ取引		☆☆		
	ヘッジ会計		☆☆☆		
	オプション取引		☆	完成編	Ch 12
税効果会計	将来減算一時差異		☆☆☆	基礎2	Ch 5
	将来加算一時差異 (圧縮記帳)		☆☆		
	税率の変更		☆☆	完成編	Ch 3
会計上の変更	会計方針の変更		☆☆☆	基礎1	Ch 15
と誤謬の訂正	会計上の見積りの変更		☆☆☆		
	誤謬の訂正		☆☆		
企業結合	合併		☆☆☆	基礎2	Ch 1
	株式交換		☆☆☆		
	株式移転		☆☆☆		

大 分 類	中 分 類	✓	重要度	テキスト	
事業分離	個別上の処理（投資の継続・投資の清算）		☆☆☆	基礎2	Ch 1
	共同支配企業の形成		☆	完成編	Ch 13
連結会計 （成果連結）	商品の売買		☆☆☆	基礎2	Ch 3
	非償却性資産の売買		☆☆☆		
	償却性資産の売買		☆☆☆		
	手形の処理		☆☆☆		
	貸倒引当金の修正		☆☆☆		
連結会計 （資本連結）	子会社株式の追加取得		☆☆☆	完成編	Ch 6
	子会社株式の売却		☆☆☆		
	取得関連費用		☆☆☆		
	その他有価証券評価差額金		☆☆		
	段階取得による支配獲得		☆☆		
	持分法から連結への移行		☆☆		
	評価差額の実現		☆☆		
	在外子会社の換算・連結		☆☆☆	完成編	Ch 7
	株式交換の連結上の処理		☆☆		
	株式移転の連結上の処理		☆☆		
	事業分離の連結上の処理		☆	完成編	Ch 13
	共同支配企業の形成		☆		
連結会計 （その他）	連結上の税効果会計		☆☆☆	基礎2	Ch 6
	持分法		☆☆	基礎2	Ch 4
	その他の包括利益		☆☆☆	基礎2	Ch 3
	連結上の退職給付会計		☆☆☆	完成編	Ch 6
本支店会計	総合損益勘定の締切り		☆☆	完成編	Ch 8
	在外支店の財務諸表の換算		☆☆		
キャッシュ・ フロー計算書	個別キャッシュ・フロー計算書		☆☆☆	基礎2	Ch 13
	連結キャッシュ・フロー計算書		☆☆	完成編	Ch 7
収益認識	履行義務の配分		☆☆☆	完成編	Ch 9
	変動対価		☆☆☆		
	返品権付き販売		☆☆		
	重要な金融要素		☆☆		
	代理人取引		☆☆		
	商品券		☆		
	ポイント制度		☆		
	契約資産		☆☆		

大 分 類	中分類	✓	重要度	テキスト	
特殊商品売買	委託販売		☆☆	完成編	Ch 11
	試用販売		☆		
	未着品売買		☆☆		
	割賦販売		☆		
工事契約	工事進行基準		☆☆	完成編	Ch 10
	原価回収基準		☆☆		
	工事損失引当金		☆		
その他	四半期財務諸表		☆☆	完成編	Ch 13
	セグメント情報		☆		
	賃貸等不動産		☆		
	不動産の流動化		☆		

日商簿記1級

簿記検定の最高峰、日商簿記1級の WEB 講座では、実務的な話も織り交ぜながら、誰もが納得できるよう分かりやすく講義を進めていきます。

また、WEB 講座であれば、自宅にいながら受講できる上、受講期間内であれば何度でも繰り返し納得いくまで受講できるため、範囲が広くて1つひとつの内容が高度な日商簿記1級の学習を無理なく進めることが可能です。

ネットスクールと一緒に、日商簿記1級に挑戦してみませんか？

標準コース　学習期間（約1年）

じっくり学習したい方向けのコースです。初学者の方や、実務経験のない方でも、わかり易く取引をイメージして学習していきます。お仕事が忙しくても1級にチャレンジされる方向きです。

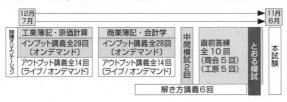

速修コース　学習期間（約6カ月）

短期間で集中して1級合格を目指すコースです。比較的残業が少ない等、一定の時間が取れる方向きです。また、税理士試験の受験資格が必要な方にもオススメのコースです。

※1級標準・速修コースをお申し込みいただくと、特典として**2級インプット講義が本試験の前日まで学習いただけます。**
　2級の内容に少し不安が…という場合でも安心してご受講いただけます。

日商簿記1級WEB講座で採用『反転学習』とは？

【従　　来】

INPUT（集合授業） → OUTPUT（各自の復習）

簿記の授業でも、これまでは上記のように問題演習を授業後の各自の復習に委ねられ、学習到達度の大きな差が生まれる原因を作っていました。そこで、ネットスクールの日商簿記対策 WEB 講座では、このスタイルを見直し、反転学習スタイルで講義を進めています。

【反 転 学 習】

INPUT（オンデマンド講義） → OUTPUT（ライブ講義）

各自、オンデマンド講義でまずは必要な知識のインプットを行っていただき、その後のライブ講義で、インプットの復習とともに具体的な問題演習を行っていきます。ライブ講義とオンデマンド講義、それぞれの良い点を組み合わせた「反転学習」のスタイルを採用することにより、学習時間を有効活用しながら、早い段階で本試験レベルの問題にも対応できる実力が身につきます。

答案用紙

＊答案用紙についてはダウンロードサービスを行っています。
➡ネットスクール（https://www.net-school.co.jp/）の「読者の方へ」へ！

Chapter1 リース会計２

問題 1 ••

(単位：円)

貸借対照表	損益計算書

Ⅱ　固 定 資 産　　　　　　　　　　　Ⅲ　販売費及び一般管理費

　1有形固定資産　　　　　　　　　　　　減 価 償 却 費　（　　　　）

　リ ー ス 資 産　（　　　　）　　　　　　　⋮　　　　　　⋮

　減価償却累計額　（　　　　）　　Ⅴ　営 業 外 費 用

　3投資その他の資産　　　　　　　　　支 払 利 息　（　　　　）

　長 期 前 払 費 用　（　　　　）

　　　　⋮　　　　　⋮

Ⅰ　流 動 負 債

　リ ー ス 債 務　（　　　　）

Ⅱ　固 定 負 債

　リ ー ス 債 務　（　　　　）

問題 2 ••

(単位：円)

損 益 計 算 書

Ⅲ　販売費及び一般管理費

　減 価 償 却 費　　　　　（　　　　　）

　　　　⋮　　　　　　　　⋮

Ⅴ　営 業 外 費 用

　支 払 利 息　　　　　　（　　　　　）

　　　　⋮　　　　　　　　⋮

Ⅶ　特 別 損 失

　リース債務解約損　　　（　　　　　）

　リース資産除却損　　　（　　　　　）

（単位：円）

貸 借 対 照 表		
Ⅱ　固　定　資　産		
1有形固定資産		
リ　ー　ス　資　産	（　　　　）	
減価償却累計額	（　　　　）	
⋮	⋮	
Ⅰ　流　動　負　債		
リ　ー　ス　債　務	（　　　　）	
未　払　費　用	（　　　　）	
Ⅱ　固　定　負　債		
リ　ー　ス　債　務	（　　　　）	

損 益 計 算 書	
Ⅲ　販売費及び一般管理費	
減 価 償 却 費	（　　　　）
⋮	⋮
Ⅴ　営　業　外　費　用	
支　払　利　息	（　　　　）

2

Chapter2　有価証券２

問題 1 ●

(単位：円)

貸 借 対 照 表		損 益 計 算 書	
Ⅰ　流 動 資 産		Ⅳ　営業外収益	
有 価 証 券　(　　　)		有価証券評価益　(　　　)	
未 収 金　(　　　)		有価証券売却益　(　　　)	
Ⅰ　流 動 負 債			
未 払 金　(　　　)			

問題 2 ●

(単位：円)

貸 借 対 照 表		損 益 計 算 書	
Ⅰ　流 動 資 産		Ⅳ　営業外収益	
有 価 証 券　(　　　)		有価証券評価益　(　　　)	
		有価証券売却益　(　　　)	

問題 3 ●

(単位：円)

貸 借 対 照 表		損 益 計 算 書	
Ⅱ　固 定 資 産		Ⅳ　営業外収益	
3 投資その他の資産		有 価 証 券 利 息　(　　　)	
投 資 有 価 証 券　(　　　)		為 替 差 益　(　　　)	

問題 1　• •

（単位：円）

		借 方 科 目	金 額	貸 方 科 目	金 額
(1)	ヘッジ対象				
	ヘッジ手段				
(2)	ヘッジ対象				
	ヘッジ手段				
(3)	ヘッジ対象				
	ヘッジ手段				
(4)	ヘッジ対象				
	ヘッジ手段				
(5)	ヘッジ対象				
	ヘッジ手段				

問題 2　• •

貸 借 対 照 表　（単位：円）

Ⅰ　流 動 資 産

為 替 予 約　（　　　　　）

⋮　　　　　　⋮

Ⅱ　固 定 負 債

繰 延 税 金 負 債　（　　　　　）

⋮　　　　　　⋮

Ⅱ　評価・換算差額等

繰延ヘッジ損益　（　　　　　）

Chapter4　有形固定資産２

問題 1・・・

(単位：円)

貸 借 対 照 表	損 益 計 算 書
Ⅱ　固 定 資 産	Ⅲ　販売費及び一般管理費
1 有形固定資産	減 価 償 却 費　（　　　　）
建　　　　物　（　　　　）	
減価償却累計額　（　　　　）	Ⅵ　特 別 利 益
備　　　　品　（　　　　）	固定資産受贈益　（　　　　）
減価償却累計額　（　　　　）	固定資産売却益　（　　　　）
土　　　　地　（　　　　）	

問題 2・・・

(単位：円)

貸 借 対 照 表	損 益 計 算 書
Ⅱ　固 定 資 産	Ⅲ　販売費及び一般管理費
1 有形固定資産	減 価 償 却 費　（　　　　）
建　　　　物　（　　　　）	修　 繕　 費　（　　　　）
減価償却累計額　（　　　　）	

問題 3・・・

減 価 償 却 費　［　　　　　　　　　　］　円

Chapter5　繰延資産

問題 1 •••

（単位：円）

貸 借 対 照 表			損 益 計 算 書		
Ⅲ　繰 延 資 産			Ⅴ　営業外費用		
株 式 交 付 費	（	）	株式交付費償却	（	）
社 債 発 行 費	（	）	社債発行費償却	（	）

問題 1 ・・・・・・・・・・・・・・・・・・・・・・・・・・・・・・・・・・

退職給付費用		円
退職給付引当金		円
退職給付に係る負債		円
退職給付に係る調整額		円

問題 2 ・・・・・・・・・・・・・・・・・・・・・・・・・・・・・・・・・・

退職給付費用		円
退職給付引当金		円
退職給付に係る負債		円
退職給付に係る調整額		円

問題 3 ・・・・・・・・・・・・・・・・・・・・・・・・・・・・・・・・・・

連結損益計算書　　　　　　　（単位：円）

退職給付費用　（　　　　　　）	法人税等調整額　（　　　　　　）

連結貸借対照表　　　　　　　（単位：円）

繰延税金資産　（　　　　　　）	退職給付に係る負債　（　　　　　　）
	退職給付に係る調整累計額　（　　　　　　）

問1　税効果会計を適用しない場合

連結損益計算書		
投資有価証券売却益	（	）
…		…
当期純利益		11,000

連結包括利益計算書		
当期純利益		11,000
その他の包括利益		
その他有価証券評価差額金	（	）
包括利益	（	）

注記		
その他有価証券評価差額金		
当期発生額	（	）
組替調整額	（	）
その他の包括利益合計	（	）

問2　税効果会計を適用する場合

連結損益計算書		
投資有価証券売却益	（	）
…		…
当期純利益		11,000

連結包括利益計算書		
当期純利益		11,000
その他の包括利益		
その他有価証券評価差額金	（	）
包括利益	（	）

注記		
その他有価証券評価差額金		
当期発生額	（	）
組替調整額	（	）
税効果調整前	（	）
税効果額	（	）
その他の包括利益合計	（	）

問題 5

（単位：円）

借方科目	金　額	貸方科目	金　額

問題 6

（単位：円）

借方科目	金　額	貸方科目	金　額

問題 7

（単位：円）

借方科目	金　額	貸方科目	金　額

問題 8

（単位：千円）

借方科目	金　額	貸方科目	金　額

の　れ　ん	資本剰余金	非支配株主持分
千円	千円	千円

問題 9

（単位：円）

借方科目	金　額	貸方科目	金　額

問題 10

（単位：円）

借方科目	金　額	貸方科目	金　額

問題 11

段階取得に係る差益 　[　　　　　] 千円

の　　れ　　ん 　[　　　　　] 千円

非支配株主持分 　[　　　　　] 千円

問題 12

持分法による投資損益 　[　　　　　] 円

段階取得に係る差益 　[　　　　　] 円

の　　れ　　ん 　[　　　　　] 円

非支配株主持分 　[　　　　　] 円

問題 13

(1) 建　　物 　[　　　　　] 円

(2) 減価償却累計額 　[　　　　　] 円

(3) 減価償却費 　[　　　　　] 円

(4) 繰延税金負債 　[　　　　　] 円

(5) 非支配株主持分 　[　　　　　] 円

Chapter7　連結会計４

問題 1 ・・

子会社損益計算書　　　　　　　（単位：円）

売 上 原 価	(　　　)	売　　上　　高	(　　　)
減 価 償 却 費	(　　　)	受 取 利 息	(　　　)
その他の費用	(　　　)	為 替 差 益	(　　　)
為 替 差 損	(　　　)		
当 期 純 利 益	(　　　)		
	(　　　)		(　　　)

子会社貸借対照表　　　　　　　（単位：円）

現 金 預 金	(　　　)	買　　掛　　金	(　　　)
売 　 掛 　 金	(　　　)	減価償却累計額	(　　　)
商　　　　品	(　　　)	資　　本　　金	(　　　)
備　　　　品	(　　　)	利 益 剰 余 金	(　　　)
		為替換算調整勘定	(　　　)
	(　　　)		(　　　)

12

問題 2 ・・

連結損益計算書

自×2年4月1日 至×3年3月31日 （単位：円）

諸 費 用	（　　　）	諸 収 益	（　　　）
非支配株主に帰属する当期純利益	（　　　）		
親会社株主に帰属する当期純利益	（　　　）		
	（　　　）		（　　　）

連結貸借対照表

×3年3月31日 （単位：円）

諸 資 産	（　　　）	諸 負 債	（　　　）
		資 本 金	（　　　）
		利益剰余金	（　　　）
		為替換算調整勘定	（　　　）
		非支配株主持分	（　　　）
	（　　　）		（　　　）

連結株主資本変動計算書

自×2年4月1日 至×3年3月31日 （単位：円）

株主資本

　資本金

　　当期首残高 （　　　　　　）

　　当期変動額 （　　　　　　）

　　当期末残高 （　　　　　　）

　利益剰余金

　　当期首残高 （　　　　　　）

　　当期変動額

　　　剰余金の配当 （　　　　　　）

　　　親会社株主に帰属する当期純利益 （　　　　　　）

　　　当期変動額合計 （　　　　　　）

　　当期末残高 （　　　　　　）

その他の包括利益累計額

　為替換算調整勘定

　　当期首残高 （　　　　　　）

　　当期変動額（純額） （　　　　　　）

　　当期末残高 （　　　　　　）

非支配株主持分

　当期首残高 （　　　　　　）

　当期変動額（純額） （　　　　　　）

　当期末残高 （　　　　　　）

（注）金額がゼロの場合は0、マイナスの場合は△をつけて記入すること

の　　れ　　ん	☐	円
為替換算調整勘定	☐	円
非 支 配 株 主 持 分	☐	円

<u>個別貸借対照表</u>

P社　　　　　　　　　　×1年3月31日　　　　　　　　　（単位：円）

諸　資　産	（　　　　　）	諸　負　債	（　　　　　）
S 社 株 式	（　　　　　）	資　本　金	（　　　　　）
		利 益 剰 余 金	（　　　　　）
	（　　　　　）		（　　　　　）

<u>連結貸借対照表</u>

P社　　　　　　　　　　×1年3月31日　　　　　　　　　（単位：円）

諸　資　産	（　　　　　）	諸　負　債	（　　　　　）
の　れ　ん	（　　　　　）	資　本　金	（　　　　　）
		利 益 剰 余 金	（　　　　　）
	（　　　　　）		（　　　　　）

問題 5 ●●●

C社	個別貸借対照表		（単位：円）
A 社 株 式 （　　　　）	資 本 金	（　　　　）
B 社 株 式 （　　　　）	資 本 剰 余 金	（　　　　）
（　　　　）		（　　　　）

C社	連結貸借対照表		（単位：円）
諸 資 産 （　　　　）	諸 負 債	（　　　　）
の れ ん （　　　　）	資 本 金	（　　　　）
	資 本 剰 余 金	（　　　　）
	利 益 剰 余 金	（　　　　）
（　　　　）		（　　　　）

連結キャッシュ・フロー計算書　（単位：円）

Ⅰ 営業活動によるキャッシュ・フロー	
営　業　収　入	
商　品　の　仕　入　支　出	
人　件　費　支　出	
そ　の　他　の　営　業　支　出	
小　計	
利　息　及　び　配　当　金　の　受　取　額	
利　息　の　支　払　額	
法　人　税　等　の　支　払　額	
営業活動によるキャッシュ・フロー	
⋮	⋮
Ⅲ 財務活動によるキャッシュ・フロー	
配　当　金　の　支　払　額	
非支配株主への配当金の支払額	
⋮	⋮

問題 **7** •

<u>連結キャッシュ・フロー計算書</u>　　（単位：円）

Ⅰ 営業活動によるキャッシュ・フロー

税 金 等 調 整 前 当 期 純 利 益	（　　　　　　　）
減 価 償 却 費	（　　　　　　　）
貸 倒 引 当 金 の 増 加 額	（　　　　　　　）
（　　　　　　　　　　　　　　　）	（　　　　　　　）
受 取 利 息 配 当 金	△ 1,900
支 払 利 息	1,700
固 定 資 産 売 却 損	3,000
損 害 賠 償 損 失	9,000
売 上 債 権 の 増 加 額	（　　　　　　　）
棚 卸 資 産 の 増 加 額	（　　　　　　　）
前 払 費 用 の 減 少 額	（　　　　　　　）
仕 入 債 務 の 減 少 額	（　　　　　　　）
小 計	（　　　　　　　）
利 息 及 び 配 当 金 の 受 取 額	（　　　　　　　）
利 息 の 支 払 額	（　　　　　　　）
損 害 賠 償 金 の 支 払 額	△ 9,000
法 人 税 等 の 支 払 額	（　　　　　　　）
営業活動によるキャッシュ・フロー	（　　　　　　　）

Chapter8　本支店会計

問題 1 ••

本支店合併損益計算書

自×8年4月1日　至×9年3月31日（単位：円）

Ⅰ 売　上　高			（	）	
Ⅱ 売　上　原　価					
1　期首商品棚卸高	（	）			
2　当期商品仕入高	（	）			
合　　　計	（	）			
3　期末商品棚卸高	（	）	（	）	
売 上 総 利 益			（	）	

問題 2 ••

(1)損益計算書　期末商品棚卸高　　　　　　　　　　　円

(2)損益計算書　棚 卸 減 耗 損　　　　　　　　　　　円

(3)損益計算書　商 品 評 価 損　　　　　　　　　　　円

(4)貸借対照表　商　　　　　品　　　　　　　　　　　円

問題 3 ••

総 合 損 益 （単位：円）

3/31	繰延内部利益控除	（	）	3/31	本 店 損 益	（	）
〃	法 人 税 等	（	）	〃	支　　　　店	（	）
〃	繰越利益剰余金	（	）	〃	繰延内部利益戻入	（	）
		（	）			（	）

18

問題 4 ・・・

支店貸借対照表　　　　　　　　（単位：円）

現　金　預　金	（　　　　　）	買　　掛　　金	（　　　　　）
売　　掛　　金	（　　　　　）	長 期 借 入 金	（　　　　　）
商　　　　　品	（　　　　　）	減価償却累計額	（　　　　　）
備　　　　　品	（　　　　　）	本　　　　　店	（　　　　　）
		当 期 純 利 益	（　　　　　）
	（　　　　　）		（　　　　　）

支店損益計算書　　　　　　　　（単位：円）

期首商品棚卸高	（　　　　　）	売　　上　　高	（　　　　　）
当期商品仕入高	（　　　　　）	期末商品棚卸高	（　　　　　）
減 価 償 却 費	（　　　　　）		
為　替　差　損	（　　　　　）		
その他の費用	（　　　　　）		
当 期 純 利 益	（　　　　　）		
	（　　　　　）		（　　　　　）

Chapter9　収益認識

問題 1 ●●

（単位：円）

貸　借　対　照　表		
Ⅰ　流 動 資 産		
売　掛　金	（	）
貸 倒 引 当 金	△（	）
⋮		⋮
Ⅰ　流 動 負 債		
契　約　負　債	（	）

損　益　計　算　書		
Ⅰ　売　上　高	（	）
⋮		⋮
Ⅲ　販売費及び一般管理費		
貸倒引当金繰入	（	）

問題 2 ●●

（単位：円）

貸　借　対　照　表		
Ⅰ　流 動 資 産		
売　掛　金	（	）
貸 倒 引 当 金	△（	）
⋮		⋮
Ⅰ　流 動 負 債		
返　金　負　債	（	）

損　益　計　算　書		
Ⅰ　売　上　高	（	）
⋮		⋮
Ⅲ　販売費及び一般管理費		
貸倒引当金繰入	（	）

問題 3 ●

（単位：円）

貸 借 対 照 表		損 益 計 算 書	
Ⅰ 流 動 資 産		Ⅰ 売　上　高　（　　　）	
売　掛　金　（　　　）		Ⅱ 売 上 原 価　（　　　）	
貸 倒 引 当 金 △（　　　）		⋮　　　　⋮	
商　　　品　（　　　）		Ⅲ 販売費及び一般管理費	
返 品 資 産　（　　　）		貸倒引当金繰入　（　　　）	
Ⅰ 流 動 負 債			
返 金 負 債　（　　　）			

問題 4 ●

（単位：円）

貸 借 対 照 表		損 益 計 算 書	
Ⅰ 流 動 資 産		Ⅰ 売　上　高　（　　　）	
売　掛　金　（　　　）		⋮　　　　⋮	
貸 倒 引 当 金 △（　　　）		Ⅲ 販売費及び一般管理費	
		貸倒引当金繰入　（　　　）	
		⋮　　　　⋮	
		Ⅳ 営 業 外 収 益	
		受 取 利 息　（　　　）	

（単位：円）

貸 借 対 照 表		
I　流 動 資 産		
現 金 預 金	（	）
売　　掛　　金	（	）
貸 倒 引 当 金	△（	）
商　　　　品	（	）
I　流 動 負 債		
買　　掛　　金	（	）

損 益 計 算 書		
I　売　　上　　高		
商 品 売 上 高	（	）
手 数 料 収 入	（	）
II　売 上 原 価	（	）
売 上 総 利 益	（	）
III　販売費及び一般管理費		
貸倒引当金繰入	（	）

（単位：円）

貸 借 対 照 表		
I　流 動 資 産		
現 金 預 金	（	）
商　　　　品	（	）
⋮		⋮
I　流 動 負 債		
契 約 負 債	（	）

損 益 計 算 書		
I　売　　上　　高	（	）
II　売 上 原 価	（	）
売 上 総 利 益	（	）
⋮		⋮
IV　営 業 外 収 益		
雑　　収　　入	（	）

問題 7 ●●●●●●●●●●●●●●●●●●●●●●●●●●●●●●●●●●●●●●

(単位：円)

	貸 借 対 照 表			損 益 計 算 書	
I	流 動 資 産		I 売　上　高	（	）
	現 金 預 金	（　　）	II 売 上 原 価	（	）
	商　　　品	（　　）	売 上 総 利 益	（	）
	⋮	⋮			
I	流 動 負 債				
	契 約 負 債	（　　）			

問題 8 ●●●●●●●●●●●●●●●●●●●●●●●●●●●●●●●●●●●●●●

(単位：円)

	貸 借 対 照 表			損 益 計 算 書	
I	流 動 資 産		I 売　上　高	（	）
	売 掛 金	（　　）	⋮	⋮	
	契 約 資 産	（　　）	III 販売費及び一般管理費		
	貸 倒 引 当 金	△（　　）	貸倒引当金繰入	（	）

Chapter10　工事契約

問題 1 ••

(1)　進捗度にもとづき収益を認識する場合　　　　　　　　　（単位：万円）

	×1年度	×2年度	×3年度
工事収益			
工事原価			
工事利益			

(2)　原価回収基準により収益を認識する場合　　　　　　　　（単位：万円）

	×1年度	×2年度	×3年度
工事収益			
工事原価			
工事利益			

問題 2 ••

（単位：千円）

	×1年度	×2年度	×3年度
(1)の工事利益			
(2)の工事利益			

問題 3

問1

（単位：千円）

	×1年度	×2年度	×3年度
完 成 工 事 高			
完 成 工 事 原 価			
完成工事総利益			

問2

（単位：千円）

	×1年度	×2年度	×3年度
契 約 資 産			
契 約 負 債			
完成工事未収入金			

問題 4

（単位：円）

	×2年度	×3年度
完 成 工 事 高		
完 成 工 事 原 価		
工 事 損 失 引 当 金		

Chapter11　特殊商品売買

問題 1 •

	損 益 計 算 書	（単位：円）
Ⅰ売　　上　　高		
1.一　般　売　上	（　　　　　）	
2.積 送 品 売 上	（　　　　　）	（　　　　　　　　）
Ⅱ売　上　原　価		
1.期首商品棚卸高	（　　　　　）	
2.当期商品仕入高	（　　　　　）	
合　　　　　計	（　　　　　）	
3.期末商品棚卸高	（　　　　　）	（　　　　　　　　）
売 上 総 利 益		（　　　　　　　　）

問題 2 •

	損 益 計 算 書	（単位：円）
Ⅰ売　　上　　高		
1.一　般　売　上	（　　　　　）	
2.積 送 品 売 上	（　　　　　）	（　　　　　　　　）
Ⅱ売　上　原　価		
1.期首商品棚卸高	（　　　　　）	
2.当期商品仕入高	（　　　　　）	
合　　　　　計	（　　　　　）	
3.期末商品棚卸高	（　　　　　）	（　　　　　　　　）
売 上 総 利 益		（　　　　　　　　）
Ⅲ販売費及び一般管理費		
積　送　諸　掛		（　　　　　　　　）
営　業　利　益		（　　　　　　　　）

	貸 借 対 照 表	（単位：円）
商　　　　　品	（　　　　　）	
繰延積送諸掛	（　　　　　）	

問題 3 •••

損 益 計 算 書　　　　（単位：円）

I 売　　上　　高
　1．一　般　売　上　　　　　　　（　　　　　）
　2．試 用 品 売 上　　　　　　　（　　　　　）（　　　　　）
II 売　上　原　価
　1．期首商品棚卸高
　(1)手　許　商　品　（　　　　　）
　(2)試　用　品　（　　　　　）（　　　　　）
　2．当期商品仕入高　　　　　　（　　　　　）
　　　合　　　計　　　　　　　（　　　　　）
　3．期末商品棚卸高
　(1)手　許　商　品　（　　　　　）
　(2)試　用　品　（　　　　　）（　　　　　）（　　　　　）
　　売 上 総 利 益　　　　　　　　　　　　（　　　　　）

問題 4 •••

損 益 計 算 書　　　　（単位：円）

I 　売　　上　　高
　1　一　般　売　上　高　　（　　　　　）
　2　未 着 品 売 上 高　　（　　　　　）（　　　　　）
II 　売　上　原　価
　1　期首商品棚卸高　　（　　　　　）
　2　当期商品仕入高　　（　　　　　）
　　　合　　　計　　　（　　　　　）
　3　期末商品棚卸高　　（　　　　　）（　　　　　）
　　売 上 総 利 益　　　　　（　　　　　）

問題 5 ・・・・・・・・・・・・・・・・・・・・・・・・・・・・・・・・・・・・

(1) 定額法によった場合　　　　　　　　　　　　　（単位：千円）

	×2年3月期	×3年3月期	×4年3月期
割 賦 売 上			
売 上 原 価			
受 取 利 息			
割 賦 売 掛 金			0

(2) 利息法によった場合　　　　　　　　　　　　　（単位：千円）

	×2年3月期	×3年3月期	×4年3月期
割 賦 売 上			
売 上 原 価			
受 取 利 息			
割 賦 売 掛 金			0

問題 6 ●●●●●●●●●●●●●●●●●●●●●●●●●●●●●●●●●●●●

損　益　計　算　書　　　　（単位：円）

I　売　上　高
　1　一　般　売　上　　（　　　　）
　2　割　賦　売　上　高　（　　　　）　（　　　　　　）
II　売　上　原　価
　1　期首商品棚卸高　　（　　　　）
　2　当期商品仕入高　　（　　　　）
　　　合　　　計　　　（　　　　）
　3　期末商品棚卸高　　（　　　　）　（　　　　　　）
　　　売上総利益　　　　　　　　　（　　　　　　）
III　販売費及び一般管理費
　1　戻り商品損失　　　（　　　　）
　2　貸倒引当金繰入　　（　　　　）　（　　　　　　）
　　　営　業　利　益　　　　　　　（　　　　　　）
IV　営　業　外　収　益
　1　受　取　利　息　　　　　　　（　　　　　　）
　　　経　常　利　益　　　　　　　（　　　　　　）

Chapter12　特殊論点１

問題 1 ●

（単位：円）

借 方 科 目	金 額	貸 方 科 目	金 額

決算整理後残高試算表　　　　（単位：円）

商　　　　　品	（　　　　　　）	（　　　　　　）	（　　　　　　）

損 益 計 算 書　　　　（単位：円）

Ⅰ売　　上　　高		（　　　　　　）
Ⅱ売　上　原　価		
1.期首商品棚卸高	（　　　　　）	
2.当期商品仕入高	（　　　　　）	
合　　　　　計	（　　　　　）	
3.期末商品棚卸高	（　　　　　）	（　　　　　　）
売 上 総 利 益		（　　　　　　）

問題 2 ●

（単位：円）

貸 借 対 照 表		損 益 計 算 書	
Ⅰ　流 動 資 産		Ⅳ　営業外収益	
買建オプション	（　　　　　）	オプション差益	（　　　　　）

問題 3 ●●●●●●●●●●●●●●●●●●●●●●●●●●●●●●●●●●●●●●●

（単位：円）

貸 借 対 照 表		損 益 計 算 書	
I 流 動 資 産		Ⅵ 特 別 利 益	
現 金 預 金　（　　　）		貸付金売却益　（　　　）	
買 戻 権　（　　　）			
未 収 収 益　（　　　）			
I 流 動 負 債			
リ コ ー ス 義 務　（　　　）			

問題 4 ●●●●●●●●●●●●●●●●●●●●●●●●●●●●●●●●●●●●

損 益 計 算 書　（単位：円）

Ⅳ 営 業 外 収 益
　有価証券評価益　　　（　　　）
Ⅵ 特 別 利 益
　投資有価証券評価益　（　　　）

貸 借 対 照 表　（単位：円）

I 流 動 資 産
　有 価 証 券　（　　　）
Ⅱ 固 定 資 産
　(3)投資その他の資産
　　投 資 有 価 証 券　（　　　）
　　関 係 会 社 株 式　（　　　）
Ⅱ 評価・換算差額等
　その他有価証券評価差額金　（　　　）

Chapter13　特殊論点2

問題 1　• •

問1　個別上

　(1)P社　　　　　　　　　　　　　　(2)S社

　　S社株式　[　　　　　]　円　　　資本金　[　　　　　]　円

問2　連結上

　　みなし投資額　[　　　　　]　円　　既存事業持分増加額　[　　　　　]　円

　　の　れ　ん　[　　　　　]　円

　　みなし移転事業額　[　　　　　]　円　　移転事業持分減少額　[　　　　　]　円

　　資本剰余金増加額　[　　　　　]　円

連結貸借対照表

×1年3月31日　　　　　　　（単位：円）

諸　資　産	（　　　　）	諸　負　債	（　　　　）
の　れ　ん	（　　　　）	資　本　金	（　　　　）
		資 本 剰 余 金	（　　　　）
		利 益 剰 余 金	（　　　　）
		非支配株主持分	（　　　　）
	（　　　　）		（　　　　）

問題 2 ・・・

問1　共同支配投資企業（A社）の個別財務諸表

　　　C社株式　　　　[　　　　　　]円

問2　共同支配投資企業（A社）の連結財務諸表

　　　みなし移転事業額[　　　　　　]円

　　　移転事業持分減少額[　　　　　　]円

　　　持分変動損益　　[　　　　　　]円

問題 3 ・・・

(1)　剰余金の金額　[　　　　　　]千円

(2)　分配可能額　　[　　　　　　]千円

問題 4 ・・・

(1)　[　　　　　　]千円　　　(2)　[　　　　　　]千円

	四半期損益計算書	（単位：千円）
⋮		⋮
税 引 前 四 半 期 純 利 益	（	）
法人税、住民税及び事業税	（	）
四 半 期 純 利 益	（	）

切放法の場合

(1) 第3四半期財務諸表

第3四半期	四半期損益計算書	（単位：円）
投 資 有 価 証 券 評 価 損 （	）	

(2) 年度末財務諸表

年度末	損 益 計 算 書	（単位：円）
投 資 有 価 証 券 評 価 損 （	）	

年度末	貸 借 対 照 表	（単位：円）
投 資 有 価 証 券 （	）	その他有価証券評価差額金 （　　　　　）

洗替法の場合

(1) 第3四半期財務諸表

第3四半期	四半期損益計算書	（単位：円）
投 資 有 価 証 券 評 価 損 （	）	

(2) 年度末財務諸表

年度末	損 益 計 算 書	（単位：円）
投 資 有 価 証 券 評 価 損 （	）	

年度末	貸 借 対 照 表	（単位：円）
投 資 有 価 証 券 （	）	その他有価証券評価差額金 （　　　　　）

問題　7　· ·

セグメント情報　　　　　　　　　　　　　　　　　　　　　（単位：千円）

| | 報告セグメント | | 調整額 | 連結財務諸表計上額 |
	自動車	自動車部品		
売　上　高				
（　　　　）への売上高	10,000	（　　　　　）	－	（　　　　　）
セグメント間の内部 売上高又は振替高	－	（　　　　　）	（　　　　　）	－
計	10,000	（　　　　　）	（　　　　　）	（　　　　　）
セグメント利益	3,000	1,800	（　　　　　）	（　　　　　）
セグメント資産	8,000	5,000	（　　　　　）	（　　　　　）
セグメント負債	2,200	1,600	－	3,800
その他の項目				
減価償却費	800	600	－	1,400
（　　　　）の償却額	400	（　　　　　）	－	（　　　　　）
受取利息	160	140	－	300
支払利息	100	80	－	180
特別利益	1,000	600	－	1,600
特別損失	200	400	－	600

（単位：千円）

貸　借　対　照　表				損　益　計　算　書	
Ⅱ　固定資産				Ⅳ　営業外収益	
3．投資その他の資産				賃貸収入	11,000
投資不動産	160,000			Ⅴ　営業外費用	
減価償却累計額	（　　　　）	（　　　）		賃貸原価	（　　　　）

（注記）

当社では、東京都において、賃貸用のオフィスビルを有しております。

これら賃貸等不動産の貸借対照表計上額、当期増減額及び時価は、次のとおりであります。

（単位：千円）

貸借対照表計上額			当期末の時価
前期末残高	当期増減額	当期末残高	
78,000			

（注1）　貸借対照表計上額は、取得原価から減価償却累計額を控除した金額であります。

（注2）　当期増減額のうち、増加額はオフィスビル乙の取得、減少額は減価償却費であります。

（注3）　当期末の時価は、「不動産鑑定評価基準」にもとづいて自社で算定した金額であります。

また、賃貸等不動産に関する×7年3月期の損益は、次のとおりであります。

（単位：千円）

賃貸収入	賃貸原価	賃貸利益	その他損益
11,000			－

（注1）　賃貸原価にはオフィスビルに係る費用（修繕費、減価償却費）が含まれております。

問題 9 ••

問1 売却取引

決算整理後残高試算表 （単位：千円）

現 金 預 金	214,470	受 取 配 当 金	（　　　　）
土 地 建 物	（　　　）	固 定 資 産 売 却 益	（　　　　）
有 価 証 券	（　　　）		

問2 金融取引

決算整理後残高試算表 （単位：千円）

現 金 預 金	210,790	借 入 金	（　　　　）
土 地 建 物	（　　　）	賃 貸 収 入	（　　　　）
賃 貸 原 価	（　　　）		
支 払 利 息	（　　　）		

問題 10 ••

ア		イ	
ウ		エ	
オ			

········ *Memorandum Sheet* ········

········ *Memorandum Sheet* ········

········ *Memorandum Sheet* ········